Gabriele Cwik
Willi Risters

Lernen lernen
von Anfang an I

•

Individuelle Methoden
trainieren

•

Für die Klassen
1 bis 4

SCRIPTOR

Die in diesem Werk angegebenen Internetadressen haben wir überprüft (Oktober 2009). Dennoch können wir nicht ausschließen, dass unter einer solchen Adresse inzwischen ein ganz anderer Inhalt angeboten wird. Deshalb empfehlen wir Ihnen dringend, die Adressen vor der Nutzung im Unterricht selbst noch einmal zu überprüfen.

Quellenverzeichnis
S. 18: Lars Klinting, aus: Kasimir näht © Verlag Friedrich Oetinger, Hamburg; S. 41: Abbildung aus: Lauth, Birgit: Die Bildertrickkiste © 1994 Coppenrath Verlag, Münster; S. 50: Abbildung aus: Rolf und Margret Rettich: Kennst du Robert? © Rolf und Margret Rettich; S. 71/73: Abbildungen aus: Gabriele Lorenzer: Die drei Äpfel © Gabriele Lorenzer

www.cornelsen.de

Bibliografische Information
Die Deutsche Bibliothek verzeichnet diese Publikation in der Deutschen Nationalbibliografie; detaillierte bibliografische Daten sind im Internet über http://dnb.ddb.de abrufbar.

Dieses Werk folgt den Regeln der deutschen Rechtschreibung, die seit August 2006 gelten.

4. Auflage 2009
© 2004 Cornelsen Verlag Scriptor GmbH & Co. KG, Berlin
Redaktion: Daniela Brunner, Düsseldorf
Herstellung: Brigitte Bredow, Berlin
Satz: FROMM MediaDesign GmbH, Selters/Ts.
Umschlaggestaltung: Claudia Adam, Darmstadt
Umschlagfoto: Pressefoto Seifert, Hannover
Druck und Bindung: CPI – Clausen & Bosse, Leck
Printed in Germany
ISBN 978-3-589-05082 6

Gedruckt auf säurefreiem Papier,
umweltschonend hergestellt aus chlorfrei gebleichten Faserstoffen.

Gabriele Cwik · Willi Risters
Lernen lernen von Anfang an

Band I:
Individuelle Methoden trainieren

LEHRER-BÜCHEREI
GRUNDSCHULE

Herausgeber der Reihe

Gabriele Cwik, war Rektorin an einer Grundschule und pädagogische Mitarbeiterin im
Ministerium für Schule und Weiterbildung des
Landes Nordrhein-Westfalen. Sie ist Schulrätin
in der Schulaufsicht der Stadt Essen und zuständig
für Grundschulen.

Dr. Klaus Metzger ist Regierungsschulrat,
zuständig für alle fachlichen Fragen der
Grundschule und die zweite Phase der Lehrer-
ausbildung für Grund- und Hauptschulen
im Regierungsbezirk Schwaben/Bayern.

Autoren

Gabriele Cwik (siehe oben)
Willi Risters arbeitet als Dezernent in der
Bezirksregierung Düsseldorf.
Beide Autoren haben langjährige Erfahrung
in der Unterrichtsentwicklung und in der Lehrer-
aus- und -fortbildung für neue Formen des
Lehrens und Lernens.

Inhalt

Vorwort

Die Konzeptidee „Lernen lernen von Anfang an" entstand vor 10 Jahren und entwickelt sich seitdem immer weiter. Beobachtungen von Kindern während unterschiedlicher Lernsituationen machten uns damals auf das Fehlen von Arbeits- und Lernmethoden aufmerksam, die zum Teil seit Generationen bekannt sind. Selten wurden diese Methoden konsequent zu einem zentralen Thema im Unterricht. Die notwendige Verfügbarkeit der Schülerinnen und Schüler über Lern- und Arbeitsmethoden wurde besonders in offenen Lernsituationen deutlich.

Das Methodentraining von HEINZ KLIPPERT, konzipiert für Schülerinnen und Schüler der Sekundarstufe, lernten wir 1994 kennen. Nach seinen Moderationen stellte sich für uns die Frage, wie ein entwicklungsorientiertes Training für Kinder in der Primarstufe möglich sein kann. Dieses Konzept sollte zugleich die Forschungsergebnisse der Entwicklungspsychologie, Psychologie und der Neurobiologie berücksichtigen und die Qualität der Lernprozesse offener Ansätze verbessern.

> „Ein nach lernbiologischen Erkenntnissen erarbeiteter Unterricht, der zum Verstehen und Analogdenken, zum Erkennen von Zusammenhängen zwingt und dadurch zu einer neuen (bei der heutigen Reizüberflutung so vermissten) Konzentration, könnte in Schulen und Universitäten ein der individuellen Lernart angepasstes und damit weit effizienteres Lernen unterstützen, wie dies ja bereits in verschiedenen Ansätzen der so genannten ‚freien Schulen' gelingt." (VESTER 1999, S. 475)

Die Idee des Methodenlernens ist demnach nicht grundsätzlich neu, hat sich aber noch nicht in allen Schulen effektiv durchgesetzt.

Auf den unterschiedlichen Grundlagen entstand ein methodenorientiertes Unterrichts- und Trainingskonzept für das Lernen des Lernens von Anfang an. Parallel dazu entwickelten wir in Neuss die 5-Tages-Struktur für eine unterrichtsbegleitende Fortbildung von Lehrerkollegien. Bis zum Jahr 2000 wurde das Gesamtkonzept in mehreren Schulen im Rhein-Kreis-Neuss und in der deutschsprachigen Gemeinschaft in Belgien mit begleitendem Training umgesetzt. Die dabei gesammelten Erfahrungen und Erkenntnisse wurden auf das Projekt „Schule & Co" der Bertelsmann Stiftung in Nordrhein-Westfalen übertragen. Ergänzend trainierten wir mit diesem

grundschulspezifischen Ansatz die von Heinz Klippert im Projekt ausge-
bildeten Trainerinnen und Trainer für Grund- und Sonderschulen in den
Modellregionen Herford und Leverkusen. Seit 2001 bilden wir im Lan-
desinstitut für Schule in Nordrhein-Westfalen für das Konzept „Lernen lernen von Anfang an" Moderatorinnen und Moderatoren aus.

Das Grundanliegen ist die Unterstützung des Kindes in dem Bemühen,
das Lernen in die eigenen Hände zu nehmen und sich als Persönlichkeit zu
entwickeln. Zur Unterstützung der vielen Lehrerinnen und Lehrer, die Kinder für das eigene Lernen stärken wollen, haben wir dieses Praxisbuch geschrieben. Im ersten Band werden die Phasen des Lernens, notwendige
Lernmethoden und die dazugehörigen Trainingsabläufe beschrieben. Der
Schwerpunkt von Band 2 liegt in der Wahnehmung eigener kommunikativer und kooperativer Fähigkeiten sowie deren Stabilisierung bzw. Veränderung.

Mit Anregungen und unermüdlicher Geduld unterstützte uns Reinhard
Voß, dem wir an dieser Stelle recht herzlich danken. Guido Ossemann aus
Belgien danken wir für die vielen Reflexionsgespräche, die uns immer wieder den Blick für eine ganzheitliche Persönlichkeitsentwicklung des Kindes
schärften.

**Dieses Buch widmen wir all den Kindern,
von denen wir auf dem Weg viel lernen konnten.**

Gabriele Cwik · Willi Risters

1 Das Unterrichtskonzept

1.1 Das Kind plant sein Lernen

Kinder lernen heute im Unterricht immer häufiger in offenen, nicht lehrerdominierten Lernsituationen, in denen sie selbstständig ein Thema bearbeiten oder einen vorgegebenen Arbeitsauftrag ausführen. Sie suchen Informationen aus Texten heraus oder hören einem Lehrervortrag zu, um anschließend die wichtigsten Informationen daraus weiterzuverarbeiten.

Zur optimalen Bewältigung dieser Lernsituationen sind unterschiedliche Lern- und Arbeitsmethoden notwendig, die jedes Kind im Laufe der Grundschulzeit in Trainingssituationen kennenlernen sollte. Eine möglichst große Auswahl an Methoden setzt es in die Lage, sein Lernen selbstständig zu planen, zu organisieren und seinen Lernweg zu regulieren. Es lernt sich als Lerntyp kennen und entwickelt sich zu einer individuellen Lernpersönlichkeit.

In jeder Trainingssituation wird jede Methode angewendet, in Reflexionsphasen immer wieder auf ihre Effektivität hin überprüft und individuell bewertet. Die Beschreibungen und Begründungen der Methode werden in Lerntagebüchern festgehalten. Jede Methode wird sich im Laufe der Entwicklung eines Kindes individuell verändern.

Eine entsprechende Auswahl an Methoden ist die Voraussetzung für die Regulation vielfältiger und komplexer Lernprozesse, die das Kind selbstständig plant, überwacht, steuert und evaluiert. Die Abfolge von einzelnen Lernmethoden, in Kombination mit kommunikativen Situationen und kooperativen Methoden zur Arbeit an einem Fachinhalt, wird als Lernarrangement bezeichnet. Das Kind handelt aktiv und erlebt seinen Einfluss auf sein Lernen als positiv. Diese immer wiederkehrende Erfahrung stärkt die Persönlichkeit des Kindes und gibt ihm vielfältige Handlungsalternativen. In allen Lernarrangements werden die eingesetzten Methoden auf deren Unterstützung und Anwendbarkeit in der Arbeit mit Fachinhalten reflektiert.

Lernen ist demnach besonders effektiv, wenn es in folgenden Phasen abläuft:

- Vorwissen aktivieren
- Informationen beschaffen
- Informationen verarbeiten und präsentieren
- Informationen sichern

Allen Trainings- und Übungseinheiten in unserem Konzept liegt die Abfolge dieser vier Phasen zu Grunde.

Vorwissen aktivieren

Der erste Zugang zu einem Thema ist ausschlaggebend für das Lernen von Inhalten. Soll sich ein Lerner mit einem unbekannten Thema auseinandersetzen, so steht er dem häufig reserviert oder gar abweisend gegenüber, was eine negative Hormonlage auslöst. Diese

> „blockiert (...) das Denken und Kombinieren und verhindert, dass der Stoff assoziativ verankert. Vertraute ‚Verpackung' mildert dagegen die Abwehr gegen das Unbekannte und vermittelt darüber hinaus durch das Gefühl des Wiedererkennens ein kleines Erfolgserlebnis, und der Trend geht in Richtung lernpositiver Hormonlage." (VESTER 1978, S. 141)

Jedes Kind hat bisher unterschiedliche Erfahrungen gesammelt und soll in seinem Vorwissen bestätigt werden. Es erhält die Gelegenheit, zu dem entsprechenden Thema z. B. eine Mind-Map (in einer Stiftfarbe) zu erstellen. Es soll alles aufschreiben, was es bisher erlebt, gesehen, gehört und erfahren hat. Durch dieses Vorgehen werden Erinnerungen wach, aber auch Wünsche und Fragen aufgedeckt. Das Kind setzt sich gedanklich und sprachlich mit dem Thema auseinander, es wird aktiv. In einer anschließenden Gesprächsphase tauschen sich die Kinder mehrfach untereinander aus. Sie erfahren die Gedanken anderer, werden in den eigenen bestätigt oder für neue angeregt. Emotional fühlen sich die Kinder untereinander aufgehoben und mit dem Thema nicht mehr allein.

> „Wer beim Lernen aufmerksam, motiviert und emotional dabei ist, der wird mehr behalten." (SPITZER 2002, S. 139)

Neurobiologisch gesehen wird das Gehirn durch diese Aktivität des Nachdenkens und Sprechens in vielen Regionen durchblutet, eine Voraussetzung für das spätere Vernetzen der Gedanken und Speichern neuer Informationen.

„Worauf immer wir unsere Aufmerksamkeit lenken, wir aktivieren hierdurch die für die entsprechende Verarbeitung zuständige Hardware in unseren Köpfen. Vermehrte Aktivierung in einem bestimmten Areal bedeutet verbesserte Leistung dieses Areals." (SPITZER 2000, S. 159)

Nach jedem Gespräch kann das Kind seine Mind-Map mit den soeben gehörten neuen Informationen in einer neuen Stiftfarbe ergänzen. Kinder, die kein oder nur ein geringes Vorwissen mitbringen, erhalten in dieser Phase erste Informationen. Im weiteren Verlauf können sie dann schon mitreden und fühlen sich integriert. Das besonders begabte Kind kann z. B. mit seinem ausgeprägten Vorwissen alle bereichern. Durch Gespräche mit unterschiedlichen Partnern sind alle Kinder in dieser Phase kommunikativ aktiv: Sie hören zu, fragen nach und erläutern ihre Erfahrungen. Das Vorwissen aller Kinder einer Klasse wird auf diese Weise abgeglichen und die Neugier auf Neues geweckt. Dieser intensive erste Zugang zu einem Thema hat Vorteile für das spätere Lernen neuer Inhalte, denn

„größere Zusammenhänge hängen selbstredend immer irgendwie mit der alltäglichen Erlebniswelt, also mit Vertrautem zusammen. Eine solche Information ist daher im Gegensatz zu den Details nie allzu fremd. Sie wird sich eher auf vielen Ebenen im Gehirn verankern können und ein empfangsbereites Netz für später angebotene Details bieten, so dass diese ‚saugend' aufgenommen werden." (VESTER 1978, S. 142)

Vorwissen aktivieren

EA* → Über das Thema nachdenken und Ideen, Wünsche etc.
        aufschreiben → Mind-Map
PA* → Partnergespräch führen
EA → Neue Informationen hinzufügen → Mind-Map-Ergänzung

Informationen beschaffen

Neue Informationen werden meist aus Printmedien, Vorträgen, Filmen und durch Interviews gewonnen. Diese Arbeitsphase kann in Einzelarbeit ausgeführt werden. Das Kind erfährt vielfältige neue Informationen, die es z. B. mit einem Stichwortzettel während eines Films festhält. Die Frage

---

* **Abkürzungen**, die auch für die folgenden Seiten gelten:
   EA   = Einzelarbeit   PA   = Partnerarbeit
   KG   = Kleingruppenarbeit   Kl   = Klasse
           (3 oder 4 Kinder pro Gruppe)

„Was überrascht mich?" hat sich hier als Motivation und Auftrag besonders
bewährt. Anschließend wird die Mind-Map mit allen neuen Informationen
ergänzt. Hierzu wird eine neue Stiftfarbe benutzt.

Besonders effektiv wird diese Phase, wenn die Kinder immer wieder die
Gelegenheit haben, sich anderen mitzuteilen oder mit ihnen über Neuig-
keiten zu diskutieren. Durch ein gemeinsames Be-Sprechen in einer sym-
metrischen Kommunikation wird das eigene Verständnis von Wörtern, Begriffen und Aussagen gefördert. Das Kind fühlt sich aufgehoben und nicht
überfordert. Es setzt sich, unterstützt durch unterschiedliche Methoden, intensiv mit dem Thema auseinander.

> „Je intensiver wir uns mit Inhalten beschäftigen, desto eher hinterlassen sie
> Spuren im Gedächtnis. (...) Ein bestimmter Inhalt wird nicht von einem Kasten
> zum nächsten weitergereicht (...), sondern im Kopf bearbeitet, von verschiede-
> nen Arealen des Gehirns zugleich und interaktiv verarbeitet, es wird mit ihm
> geistig hantiert. Je mehr, je öfter, je tiefer, desto besser für das Behalten." (SPIT-
> ZER 2002, S. 6)

Durch Filme oder Vorträge, die die Komplexität des Themas verdeutlichen,
wird das Kind neugierig. Es stellt sich Fragen, wodurch das Interesse und
die Motivation zur Arbeit wachsen. Alle Fragen werden an der Tafel aufge-
listet, und jedes Kind ordnet sich einer Arbeitsgruppe und damit einem Teil-
aspekt zu. An dieser Stelle können auch mehrere Kleingruppen an der gleichen Fragestellung arbeiten.

In Kleingruppen informieren sich die Kinder in bereitgestellten Büchern,
Zeitschriften, durch Internetrecherchen und themengebundene CD-ROMs
zu ihrem Thema. In dieser Phase arbeiten sie zeitweise auch arbeitsteilig,
müssen sich aber zwischendurch immer wieder gegenseitig informieren.
Jedes Kind ergänzt nach jeder neuen Phase der Information seine Mind-
Map in einer weiteren Stiftfarbe.

In dieser intensiven Arbeit sind die Kinder in einem dynamischen Prozess, durch den sie nicht nur Fakten speichern, sondern der sie im Umgang
mit dem Durchdringen eines Themas schult. Diese Art des Unterrichtens
forderte VESTER 1999:

> „(...) wir sollten allmählich den Mut haben, die Aufgabe des rein tabellarischen
> Speicherns soweit wie möglich Buch und Computer zu überlassen und den Men-
> schen, wie gesagt, zum *Umgang* mit diesem Stoff vorzubereiten. Damit würden
> wir neben der Vermittlung eines Wissensgerüstes vom ersten Schuljahr an zum
> kritischen Denken, zur Synthese, zur Analyse, zum Erkennen von Analogien
> und tieferen Zusammenhängen innerhalb des gebotenen Wissensstoffs erzie-
> hen. Das heißt aber auch, dass wir den Schüler nicht mehr wie bisher zum ‚Ein-

zelkämpfer', sondern für die Arbeit im Team zu erziehen haben, für das Helfen und Sichhelfenlassen, wie es der Spezies Mensch als Gruppenwesen entspricht." (VESTER 1999, S. 471)

Informationen beschaffen

EA → Neue Informationen aufnehmen und aufschreiben → Stichwortzettel
EA → Neue Informationen hinzufügen → Mind-Map-Ergänzung
KG → Partner- und Kleingruppengespräch führen

Informationen verarbeiten und präsentieren

Um die anderen Kinder der Klasse über erarbeitete Teilaspekte zu informieren, erhalten die Schülerinnen und Schüler den Auftrag, eine Präsentation vorzubereiten. Dazu müssen sich die Kinder der Kleingruppe in einem selbst organisierten Arbeitsprozess auf die darzustellenden Inhalte einigen, die Darstellungsform bestimmen und die Arbeiten aufteilen. Durch die intensive Auseinandersetzung und die Überlegungen zur Visualisierung werden die Lerninhalte ganzheitlich verarbeitet und gleichzeitig mit vorhandenen Gedächtnisinhalten verknüpft. Diese Form des Lernens erzeugt

„Entspannung, Freude, Sympathie, Neugier, Spaß und Erfolgserlebnisse, die von ihrer biologischen Aufgabe her die Speicherung und das gesamte weitere Verarbeiten des Stoffes, also das Denken und Lernen fördern." (VESTER 1999, S. 473)

Die Kinder müssen die Form der Präsentation klären. Sie sammeln oder erstellen Bilder, Grafiken, Plakate, Schaubilder und beschriften diese mit Stichwörtern oder Überschriften.

„‚Wie kriege ich das nur in meinen Kopf?', fragt sich sprichwörtlich so mancher Schüler. Die vermeintliche Antwort: Je bunter und bewegter, je lustiger und spielähnlicher, je interaktiver und leibhaftiger diese zu lernenden Inhalte dargeboten werden, desto besser würde gelernt." (SPITZER 2002, S. 2)

Alle Schülerinnen und Schüler können sich mit ihren handwerklichen Fertigkeiten und ihrer Phantasie einbringen. Sie erfahren dabei, dass sie im Prozess der Erstellung eines gemeinsamen Produkts wichtig sind.

Zum Schluss dieser Arbeitsphase einigen sich die Kinder, wer aus der Gruppe die Ergebnisse vorträgt. Der Vortrag wird in der Kleingruppe geprobt. Danach werden zum Beispiel alle Präsentationen verdeckt in die

Klassenmitte gelegt. Die erste wird ausgewählt und an die Tafel gehängt. Während des Vortrags können sich nun alle auf diese Präsentation konzentrieren. Nach jedem Vortrag haben alle Kinder und die Lehrerin die Möglichkeit, nachzufragen oder zu ergänzen. Die Kleingruppe entscheidet dann, ob sie ihr Plakat noch einmal überarbeitet.

An einem Tag sollten höchstens drei Plakate vorgestellt werden; die weiteren folgen später.

Das Präsentationsprodukt dient vorrangig der Unterstützung des Vortrags, das eigentliche Lernen geschieht hauptsächlich durch die Prozesse.

Durch dieses gemeinsame verantwortungsvolle Handeln wird sich das Kind bewusst, in Lernprozessen unabhängig von Erwachsenen zu sein.

Die Vorträge mit ihren zum Teil unterschiedlichen Teilaspekten tragen zur weiteren Förderung des vernetzten Denkens bei, sie öffnen den Blick für größere Zusammenhänge eines Themas.

Informationen verarbeiten und präsentieren

KG → Kleingruppengespräche (Präsentationsform, Inhalte, Präsentationstechniken klären) → Mind-Maps bilden die Grundlage
EA → Arbeiten zur Gestaltung der Präsentation herstellen
KG → Vortrag proben

Informationen sichern

Jedes Kind reflektiert wichtige Informationen zum Thema, aber auch den eigenen Lernweg und hält ihn im Lerntagebuch fest. Die wichtigsten inhaltlichen Schwerpunkte, die es in ein Themenheft eintragen soll, werden gemeinsam festgelegt. Die Form der Eintragung kann das Kind bestimmen. Es kann einen Text verfassen, ein Schaubild, ein kleines Lernplakat oder eine Mind-Map erstellen. Anschließend können noch weitere Einzelaspekte ergänzt werden. Die Lernplakate aller Gruppen stehen während dieser Zeit der Informationssicherung als Hilfsmittel zur Verfügung.

Die Ergebnisse der Kleingruppen können darüber hinaus für Vorträge in Parallelklassen oder vor Eltern genutzt werden. Im Intranet der Schule können sie auch später anderen Klassen als Informationsquelle dienen.

Nach dem Sichern der individuellen Lerninhalte reflektiert das Kind die einzelnen verwendeten Methoden und seinen Lernweg. Dazu werden alle Methoden an die Tafel geschrieben, und jedes Kind bewertet für sich die individuelle Anwendbarkeit und Effektivität. Anschließend wird der Ablauf der einzelnen kommunikativen und kooperativen Lernphasen visualisiert.

Gemeinsame Gespräche über die Empfindungen und die Effektivität stoßen eine spätere individuelle Bewertung an. Die Formulierungen im Lerntagebuch bleiben jedem Kind selbst überlassen. Es soll seinen eigenen Stil der Reflexion und Begründung finden. Vorgegebene Leitfragen führen häufig zu einer eher oberflächlichen Reflexion. Das mit der Zeit anwachsende metakognitive Wissen befähigt das Kind in der Zukunft, selbstständig die Entscheidung über Lernmethoden und Lernstrategien zu treffen.

Informationen sichern

Kl → Methoden an der Tafel auflisten
Kl → Im Gespräch die Methoden bewerten
EA → Lerntagebuch schreiben → Jede verwendete Methode beschreiben und bewerten
Kl → Den Lernweg an die Tafel schreiben
Kl → Im Gespräch den Lernweg in seinen Phasen bewerten
EA → Lerntagebuch schreiben → Den Lernweg in seinen Phasen beschreiben und bewerten

---

1.2   Die Lehrerin unterstützt das Lernen

Das Kind als Subjekt im Lernprozess

Die wichtigste Voraussetzung für erfolgreiches Unterrichten ist die Achtung des Kindes als Subjekt im Lernprozess, als professioneller und motivierter Lerner. Lernen lässt sich nicht durch Vorträge vermitteln, es muss selbstständig produziert werden.

> „Vermitteln kann man eine Mietwohnung oder vielleicht sogar eine Heirat. ,Stoff' jedenfalls kann man *nicht* vermitteln! Ebenso wenig wie Hunger. Hunger produziert sich selbst, und Lernen produziert sich auch jeder selbst. Jeder auf seine Weise; und jeder lernt auch auf seine Weise und eben genau dasjenige, was in das Gefüge seiner Synapsengewichte am besten passt. (…) Gehirne bekommen nichts vermittelt. Sie produzieren selbst!" (SPITZER 2002, S. 417)

Damit die Lehrerin das Kind auf seinem Lernweg möglichst früh beraten und begleiten kann, sollte sie jedes Kind mit seinen Lernkompetenzen und -strategien kennenlernen. Auf dieser Grundlage kann sie einen individuellen Förderplan erstellen.

Eigene Erfahrungen mit Methoden sammeln

Die Lehrerin braucht selbst eigene Erfahrungen mit den zu trainierenden Methoden und den Lernarrangements. Nur dadurch erkennt sie die Besonderheiten und die Varianten und kann später die Entdeckungen der Kinder im Lernprozess antizipieren, besser nachvollziehen, einschätzen und adäquat beraten.

> „Wer lehrt, sollte etwas vom Lernen und dem Organ des Lernens, dem Gehirn, verstehen." (SPITZER 2002, S. 19)

Die Lernatmosphäre

Freundlicher Umgang untereinander und Toleranz kennzeichnen die Lernatmosphäre, die die emotionale Verfassung des einzelnen Kindes positiv stimmt, es verspürt Geborgenheit und Lernfreude.

> „Spaß und Erfolgserlebnisse sorgen für eine lernpositive Hormonlage und damit für ein reibungsloses Funktionieren der Synapsen und des Kontaktes zwischen den Gehirnzellen. Daher werden mit positiven Erlebnissen verknüpfte Informationen besonders gut verarbeitet und verstanden und ebenfalls wieder vielseitig (und somit ,anwendungsbereiter') im Gedächtnis verankert." (VESTER 1978, S. 142)

Unterstützend wirken zudem verlässliche Routinen, die den Rahmen für den Tages- und Wochenablauf bilden.

Ordnung beim Lernen

Im Klassenraum liegen Verbrauchsmaterialien wie Papier- und Plakatvorräte, Stifte, Kleber, Wachsmalstifte und Scheren. Lexika, Sachbücher und ein internetfähiger Computer schaffen die Möglichkeit, auf vielfältige Weise Informationen zu gewinnen. Ein Ordnungssystem für diese Materialien wird schon in der ersten Woche des ersten Schuljahrs gemeinsam mit den Kindern festgelegt. Die Anzahl der Materialien sollte überschaubar bleiben, um die Auswahl zu erleichtern und den Überblick zu behalten.

Lernen in Anspannung und Entspannung

Zur Regulation des Selbst gehört auch, sich mit seinen Bedürfnissen nach Ruhe und Bewegung zu kennen. Kinder sollten unterschiedliche Entspannungstechniken und Bewegungsmöglichkeiten erleben, um sich während anstrengender Lernprozesse für eine der Möglichkeiten zu entscheiden. Dieser Wechsel zwischen Anspannung und Entspannung, der vom Kind selber bestimmt wird, erhöht seine psychische Gesunderhaltung.

Zeit für das Lernen

Das Lernen der Methode, das Üben in Handlungsabläufen und das selbstständige Erarbeiten von Informationen braucht Zeit. Aus diesem Grund sollte die Menge der zu behandelnden Themen überschaubar sein.

2 Methoden trainieren und üben

2.1 Grundsätze und Ablauf des Trainings

Wenn Kinder in die Schule kommen, sind sie lernbegeistert und neugierig. Bis dahin haben sie sehr viel durch Beobachten gelernt und imitiert. Diese hohe Motivation, das Lernen durch Imitation und die Fähigkeit, in diesem Alter Strukturen für einen Lernprozess aus Beispielen zu erfassen, machen wir uns zunutze. Wir trainieren einzelne Methoden in einer wiederkehrenden Handlungsabfolge:

- Methode anwenden
- Anwendungen reflektieren
- Methodenplakat erstellen
- Methodenplakat vorstellen

Am Beispiel der Methode „Markieren" verdeutlichen wir die vier Schritte des Trainings:

Vorbereitung des Trainings
Auftrag: Markiere alles, was Kasimir braucht, um einen Knopf anzunähen.

Lars Klinting, aus: Kasimir näht © *Verlag Friedrich Oetinger, Hamburg*

Methode anwenden

Bezogen auf Lernstrategien scheint das Lernen in den ersten sechs Lebensjahren eines Kindes eher unreflektiert zu verlaufen. Bei genauer Beobachtung aber hat das Kind in diesen Jahren eine ungeheure Vielfalt an strategischem Wissen erworben. Die Schule baut auf dieses Wissen auf.

Den Auftrag, in einem Bild Nähutensilien zu markieren, erfüllen die Kinder mit ihren bisherigen Strategien, es gibt kein „Richtig" oder „Falsch". Vielmehr werden sie ermutigt, eine Lösung zu konstruieren. Nach dem ersten Markierungsversuch hat jedes Kind die Möglichkeit, einem anderen Kind vorzutragen, welche Nähutensilien es im Bild gefunden hat. Zum einen wird dadurch dem Wunsch nach der inhaltlichen Abhandlung entsprochen, zum anderen erkennt das Kind, ob die Markierungen eine Hilfestellung für das Erzählen sind oder nicht.

Anwendungen reflektieren

In einer ersten Phase werden alle markierten Bilder nebeneinander aufgehängt. Die Anwendungen der Methode werden unter der Frage „Was ist beim Markieren wichtig?" reflektiert. Die Kinder nennen Besonderheiten und Aspekte des Markierens. Wichtige Details notiert die Lehrerin während dieser Phase gesprächsbegleitend. Für viele Kinder ist es in dieser Phase überraschend zu erkennen, dass jeder etwas anderes als „wichtig" ansieht und mit einer anderen Technik markiert hat. Weiterhin diskutieren sie über die Farbe des Textmarkers und den Unterschied zwischen Markieren und Ausmalen.

In der zweiten Phase wird der Prozess unter der Frage „Wie bist du vorgegangen?" reflektiert. Auch in dieser Phase notiert die Lehrerin die wichtigsten Details. Die Kinder erfahren, dass es kein einheitliches Vorgehen beim Markieren gibt. Ein Kind schaut sich vorher das Bild in Ruhe an, ein anderes sucht sofort nach den Nähutensilien, das nächste überlegt, was es eigentlich zum Annähen eines Knopfes braucht. So nehmen die Kinder unterschiedliche Strategien wahr und können sich entscheiden, bei einem weiteren Markieren ihr Vorgehen zu verändern. In dieser Phase wird dem Kind bewusst, dass Lernen ein individueller Prozess ist.

Methodenplakat erstellen

In Kleingruppen werden nun Methodenplakate erstellt, die später als Visualisierung für einen Vortrag dienen. Auf den Plakaten werden alle Aspekte, die für die Anwendung der Methode „Markieren" wichtig sind, dargestellt. Unter der Frage „Was muss ich tun, damit ich diese Lernmethode richtig anwende?" zeichnen und beschreiben die Kinder einzelne Handlungsschritte und notwendiges Material. Die protokollierten Details aus der Reflexionsphase nutzen die Kinder als Erinnerungshilfe. Die Lehrerin weist darauf hin, dass Plakate möglichst aus vielen Bildern, Zeichnungen und Symbolen bestehen, weil diese während des Vortrags schneller aufgenommen werden.

Kinder der ersten Klasse beginnen dieses erste Methodenplakat oft oben links in der Ecke, schreiben sehr klein und ihre Plakate bestehen aus zwei Aspekten. Auch eine solche Ausführung sollte akzeptiert werden, da sie sich durch weitere Reflexionen von besonders gelungenen Gestaltungsmerkmalen ändern wird.

Methodenplakat „Markieren", 3. Schuljahr

Mit dem Erstellen eines Methodenplakats sichern die Kinder ihre Ergebnisse und verarbeiten sie durch die ständige Kommunikation untereinander; sie durchdringen die Methode.

Methodenplakate vorstellen

Nachdem die Kinder in den Kleingruppen jeweils das gemeinsame Methodenplakat erstellt haben, werden diese vorgestellt. Es wird erläutert, was für die Anwendung der Methode wichtig ist und was zum Gelingen beiträgt. Durch die Präsentation der Plakate haben alle Kinder nochmals die Möglichkeit, unterschiedliche Strategien des Markierens kennenzulernen.

In einem Lerntagebuch beschreibt jedes Kind die Methode und bewertet sie für sich.

Zur Durchführung eines Trainings sollten folgende Grundsätze beachtet werden:

- Das Training einer Methode wird an einem Übungsinhalt durchgeführt. Dieser Übungsinhalt muss sinnvoll sein, aber die Aufmerksamkeit des Kindes nicht zu sehr binden. Das Kind soll sich auf die Methode konzentrieren. Dazu kann am Ende einer Unterrichtseinheit ein kurzer zusammenfassender Text benutzt werden.
- Das erste Training einer Methode braucht Zeit. Es hat sich bewährt, ein Training von drei bis vier Unterrichtsstunden an einem Tag durchzuführen.
- In jedem Schuljahr wird jede Methode weiterentwickelt. Jede Methode wird auf ihre Entwicklung und individuelle Anwendung hin reflektiert. Diese Ergänzungstrainings können dann schneller durchlaufen werden.
- Alle Methoden werden kontinuierlich geübt. Jede Methode soll nach dem Training zeitnah in unterschiedlichen Unterrichtssituationen angewendet werden, damit sie sich festigen kann. Zur Organisation bedarf es dafür genauer Absprachen zwischen den Fachlehrerinnen und der Klassenlehrerin einer Klasse. Es hat sich bewährt, dass die in der Klasse trainierten und verwendeten Methoden zur besseren Übersicht in den Lehr- und Lernbericht eingetragen werden.

Ausführliche Hinweise zum Training individueller Methoden finden Sie in Kapitel 3.

2.2   Üben der Methoden in Lernarrangements

Sobald zwei oder mehr Methoden trainiert sind, können diese in ersten
Lernarrangements an einem neuen Fachinhalt angewendet werden. In einer möglichst fachübergreifenden Unterrichtseinheit hat das Kind die Gelegenheit, die Abfolge als Struktur zu erkennen und als hilfreich für die Aneignung von Lerninhalten zu erfahren. Die ersten Strukturen gibt die
Lehrerin vor. Später ist das Kind befähigt, eigene Methoden und Sozialformen auszuwählen, um seine eigenen Strukturen zu gestalten:

> „Es folgt, dass Kinder keine Predigten brauchen, sondern gute Beispiele und von
> diesen viele und immer wieder neue. Nur so wird sich im Laufe der Zeit ein Bo-
> densatz an erworbener allgemeiner Erfahrung ansammeln, aufgrund dessen
> das Kind sich in der Welt zurechtfinden kann. Es folgt weiterhin, dass Kinder
> Strukturen brauchen, um überhaupt zu lernen." (SPITZER 2000, S. 63)

Lernarrangements dienen der Übung der trainierten Methoden. Insgesamt
bieten sie dem Kind sinnstiftende Lernprozesse und die Chance, Methoden-
und Medienkompetenz an inhaltlichen Fragestellungen und Aufgaben zu
erwerben, Verantwortung für das eigene und Mitverantwortung für das
Lernen anderer zu übernehmen.

Die Struktur eines Lernarrangements kann – als Beispiel – wie in der Tabelle (siehe S. 23) dargestellt aussehen.

Jeder bearbeitete Sachinhalt ist immer ein Teil des Gesamtsystems und sollte nie isoliert gelernt, sondern abschließend immer integriert werden. Erst
durch diese Betrachtungsweise – die Anleitung zum vernetzten Denken –
erkennt das Kind das Zusammenwirken und entdeckt Möglichkeiten der
Mitgestaltung sowie Mitverantwortung.

> „Wenn man einige Teile eines Systems kennt und weiß, *was wie* mit *wem* zu-
> sammenhängt, so kann man daraus schon eine Menge über das System erfah-
> ren; über seine Stabilität, seine Entwicklungsmöglichkeit und über die Bedeu-
> tung einiger seiner Elemente als Regler, Grenzwert oder Stellglied." (VESTER
> 1983, S. 83)

Lernphasen	Sozialform	Lernmethode/ Kommunikationsformen
Vorwissen aktivieren	EA ⬇ PA ⬇ EA	Mind-Map ⬇ Partnergespräche ⬇ Mind-Map-Ergänzung
Informationen beschaffen	KG ⬇ EA ⬇ EA ⬇ EA ⬇ KG	Absprachen treffen ⬇ Markieren ⬇ Exzerpieren ⬇ Mind-Map-Ergänzung ⬇ Kleingruppengespräch
Informationen verarbeiten und präsentieren	KG ⬇ EA ⬇ KG	Absprachen treffen ⬇ malen, schreiben, kleben, gestalten ⬇ Vortrag üben
Informationen sichern	EA ⬇ EA ⬇ EA ⬇ Kl ⬇ EA	Vortrag halten ⬇ während des Vortrags: Stichwortzettel ⬇ Mind-Map-Ergänzung ⬇ Schwerpunkte absprechen ⬇ Eintrag in das Themenbuch: Text verfassen, Schaubild, kleines Lernplakat

In dieser Tabelle werden alle oben beschriebenen Lernphasen, Sozialformen, Kommunikations- und Lernmethoden noch einmal zur Übersicht dargestellt. Sie kann als Grundlage für die Unterrichtsvorbereitung dienen.

Durch folgende Fragestellungen kann vernetztes Denken angestoßen werden:

vernetztes *Denken* *üben*	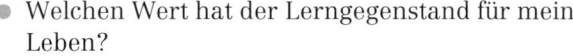	● Welchen Wert hat der Lerngegenstand für mein Leben? ● Was ist das Besondere an diesem Lerngegenstand? ● Welche anderen Lerngegenstände haben ähnliche Besonderheiten?

In Kleingruppen diskutieren die Kinder diese Fragen und stellen ihre Ergebnisse als Schaubild auf einer Wandzeitung dar. Durch diese Arbeit werden sie

● angeregt, sich eine Meinung zu bilden bzw. einen Standpunkt zu beziehen.
● ermutigt, Selbstverständliches zu hinterfragen.
● bestärkt, weiterhin neugierig zu sein.
● befähigt, sich mithilfe von Methoden und Strukturen Antworten auf Fragen zu suchen.

3 Individuelle Methoden

3.1 Grundfertigkeiten

Elementare handwerkliche Grundfertigkeiten wie Ausmalen, Ausschneiden, Kleben (Punkt- und Flächenkleben) sowie das Anwenden von Lineal und Zirkel sollte ein Kind beherrschen, damit die Qualität seiner Arbeitsergebnisse nicht unter einer mangelnden Ausführung leidet. Beobachtungen zeigen bisher, dass nur wenige Kinder mit dem Schuleintritt bedingt durch fehlende Übungszeiten über die entsprechenden Fertigkeiten verfügen. Aus diesem Grund muss das Kind in den ersten Schulmonaten vermehrt Gelegenheit bekommen, diese Grundfertigkeiten aufzubauen.

Um die feinmotorische Tätigkeit systematisch zu schulen, sollte die Lehrerin sich möglichst in den ersten Schultagen ein Bild von den vorhandenen Fertigkeiten machen. Erst dann kann sie das einzelne Kind entsprechend fördern. Erfolg versprechendes Anwenden einer Grundtechnik setzt voraus, dass man sie am besten direkt vor dem Gebrauch noch einmal probiert. Einige Grundfertigkeiten können mit der ganzen Klasse trainiert werden. Dieses Training schließt immer eine Reflexionsphase ein, in der sich die Kinder untereinander handwerkliche Tipps geben, wie sie zu ihrem Ergebnis gekommen sind. Die Lehrerin hat in dieser Phase die Aufgabe, Kinder zu bestärken oder ihnen durch Gespräche zu helfen, Misserfolge auszuhalten. Nur wenn das Kind nach einem Training die Gelegenheit bekommt, die Grundfertigkeiten auch anzuwenden, übernimmt es Verantwortung für sein Tun.

Auftrag

In den ersten Schulwochen stellt jedes Kind ein eigenes Buch über sich her, das dem Leser Auskunft über Hobbys und Wünsche gibt. Die Gestaltung sollte vielfältig sein; das heißt, das Kind muss ausmalen, ausschneiden und kleben können. Da alle Kinder besonders schöne Bücher herstellen möchten, erklären sie sich zum Üben der einzelnen Fertigkeiten sehr schnell bereit.

Die wichtigsten Grundfertigkeiten werden im Folgenden alphabetisch aufgeführt und erläutert.

Ausmalen

Zum Training eignen sich alle Formen und Figuren in unterschiedlichen Größen und unterschiedliche Farben und Stifte, Fingerfarben, dicke und dünne Bunt- oder Faserstifte, Wachsmaler und Wasserfarben. Alle Stifte sollen zuerst einmal auf einem großen Blatt Papier oder einer Tapetenrückseite frei benutzt werden, damit sich das Kind auf die spezifische Handhabung konzentrieren kann. Danach schließen sich Einzelübungen an, z. B.:

Benutzung von Fingerfarben: großflächiges freies Malen, feines Malen und Ausmalen von vorgegebenen Formen

Benutzung von Wasserfarben: großflächiges freies Malen mit unterschiedlich dicken Pinseln, feines Malen und Ausmalen von vorgegebenen Formen

Benutzung unterschiedlicher Stiftarten: großflächiges Malen (jeweils nur mit einer Stiftsorte, damit die Vor- und Nachteile reflektiert werden können), feines Malen und Ausmalen von vorgegebenen Formen

Die Reflexionsfragen beziehen sich auf die verwendeten Strategien eines jeden Kindes. Zum Beispiel äußern die Kinder unter der Leitfrage „Wer kann Tipps geben, wie man gut ausmalt?" ihre Erfahrungen. Danach dürfen alle Kinder noch einmal die gleiche Übung durchführen, um ihre bisherige Fertigkeit zu verbessern.

Kinderäußerungen in unterschiedlichen Reflexionsphasen:

- Ich kann große Bilder am besten mit dicken Wachsmalstiften ausmalen. Wenn ich normale Buntstifte benutze, dauert es mir zu lange und ich male nur Streifen.
- Ich muss aufpassen, dass ich nicht zu stark auf einen sehr gut gespitzten Stift drücke, dann zerreißt das Blatt.
- Ich habe nicht so viel Geduld zum Ausmalen. Darum muss ich mir das Ausmalen einteilen.
- Ich drehe manchmal das Papier, dann kann ich die Ecken besser ausmalen.

Siehe Arbeitsblätter am Ende dieses Kapitels auf S. 30 und 31.

Ausschneiden

Das Training des Ausschneidens wird allen Kindern angeboten. Unterschiedliche Linien und Formen geben Gelegenheit, durch die Handhabung der Schere und das Drehen des Papiers zu einem guten Ergebnis zu gelangen. In der Reflexionsphase werden Hinweise von Kindern zur Frage gesammelt: „Welchen Tipp kannst du uns geben, damit das Ausschneiden gut gelingt?" Anschließend hat das Kind Gelegenheit, Tipps zum Ausschneiden auszuprobieren.

Kinderäußerungen in unterschiedlichen Reflexionsphasen:

- Manchmal muss man das Papier drehen, damit man die Kurve besser ausschneiden kann.
- Ich habe mal das Papier und mal die Schere gedreht, das hat prima funktioniert.
- Ich habe gemerkt, dass es für mich besser ist, die Figur zuerst grob und danach fein auszuschneiden.
- Früher habe ich immer versucht, alles bei einem Mal zu schneiden. Dann zerriss das Papier an manchen Stellen. Jetzt setze ich die Schere öfter neu an. Dadurch komme ich besser in die Ecken.

Siehe Arbeitsblatt am Ende dieses Kapitels auf S. 32.

Kleben

Der Umgang mit unterschiedlichen Klebematerialien (Klebestift, Flüssigkleber, später auch mit der Klebepistole) und Klebetechniken (Punkt- und Flächenklebung) sollte mit allen Kindern einer Klasse geübt werden. Hierbei machen die Kinder die Erfahrung, wann man ein bestimmtes Klebematerial und wann man eine Klebetechnik bevorzugt.

Folgende Übungen schaffen beim Kind eine Grunderfahrung:

- kleine und große Papierschnipsel und -streifen mit dem Klebestift und Flüssigkleber aufkleben
- Figuren unter Verwendung des Flächen- und Punktklebens aufkleben
- große Formen unter Verwendung der Flächenklebung aufkleben

Nach diesen Übungen geben sich die Kinder gegenseitig Tipps, wie sie das Kleben erfolgreich ausgeführt haben. Sie überlegen, was sie beim Kleben besser machen könnten.

Kinderäußerungen in unterschiedlichen Reflexionsphasen:

- Früher habe ich immer zu stark auf die Klebeflasche gedrückt. Dann hatte ich den Kleber auf dem Tisch oder der Hose. Jetzt drücke ich nicht mehr so stark oder ich benutze den Klebestift.
- Wenn ich mit dem Klebestift die Papierstreifen aufkleben wollte, sind diese meistens zerrissen, weil ich auf beides zu fest gedrückt habe. Jetzt lege ich die Streifen auf eine Unterlage, halte sie vorsichtig mit einem Finger fest und fahre dann mit dem Stift auf der Rückseite lang. Das klappt jetzt besser.

Mit dem Lineal arbeiten

Das Lineal ist ein wichtiges Hilfsmittel zur Gestaltung. Schon am ersten Schultag haben alle Kinder ein Lineal in ihrem Mäppchen und verwenden es spontan. Die beidhändige Fertigkeit lässt sich an folgenden Übungsschwerpunkten trainieren:

- vorgegebene Linien nachziehen
- das Lineal in alle Richtungen verschieben und Linien ziehen
- Punkte miteinander verbinden
- eine Tabelle unter Verwendung eines Lineals vervollständigen
- Figuren vollenden und vorgegebene Figuren nachzeichnen

Kinderäußerungen in unterschiedlichen Reflexionsphasen:

- Ich habe das Lineal immer mit dem Bleistift verschoben. Jetzt drücke ich weniger auf den Bleistift.
- Man muss das Lineal mit zwei Fingern festhalten und nicht nur mit einem Finger, dann rutscht es nicht mehr weg.
- Den Stift muss man gut anspitzen, dann kann man enger am Lineal vorbeimalen.
- Den Stift muss man immer gleich halten, wenn man malt. Sonst verschiebt sich die Linie.

Nach der Reflexionsphase haben alle Kinder noch einmal die Möglichkeit, Tipps umzusetzen und so ihre Fertigkeiten zu verbessern.

Siehe Arbeitsblatt am Ende dieses Kapitels auf S. 33.

Schraffieren

Durch Schraffieren können Flächen hervorgehoben werden. Nach dem Training mit dem Lineal ist das Kind auf diese Technik gut vorbereitet. An einem Arbeitsblatt kann es das Schraffieren ausprobieren und dann nach weiteren Möglichkeiten der Anwendung suchen.

In dem Arbeitsblatt, das in allen Klassenstufen einsetzbar ist, kann das Kind die vorgegebenen Schraffierungen nachvollziehen und in dem letzten Rahmen eigene Muster entwerfen.

Siehe Arbeitsblatt am Ende dieses Kapitels auf S. 34.

Mit dem Zirkel arbeiten

Das Training mit dem Zirkel wird bereits in der zweiten Klasse begonnen. Die Kinder haben die Möglichkeit, den Zirkel zuerst frei zu benutzen, um Grunderfahrungen zu sammeln. Danach erfolgt eine erste Reflexionsphase, in der sie sich die grundsätzliche Handhabung erklären.

Viele Kinder der dritten und vierten Klassen sind zur Herstellung von Mandalas mit dem Zirkel hoch motiviert. Sie überlassen diese zum Ausmalen Kindern aus den Klassen 1 und 2.

Siehe Arbeitsblatt am Ende dieses Kapitels auf S. 35.

Arbeitsblatt: Ausmalen (1)

Male diese Kästchen mit mindestens zwei verschiedenen Farben aus.

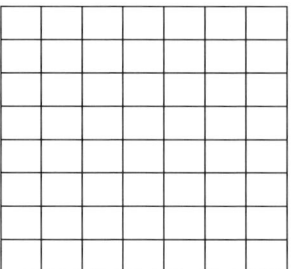

Male alle Figuren aus. Benutze eine Farbe.

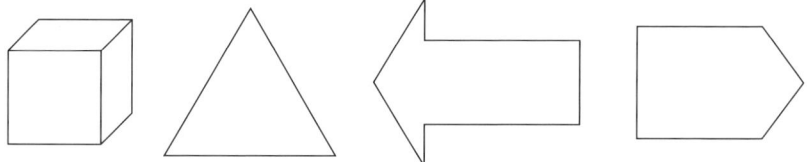

Male zuerst den Rahmen aus, danach darfst du ein Bild
in den Rahmen malen.

Arbeitsblatt: Ausmalen (2)

Male alle Figuren aus.
Verwende vier Farben.

Verwende zwei Farben.

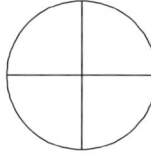
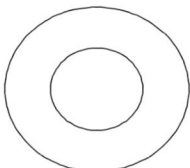

Verwende jeweils eine Farbe.

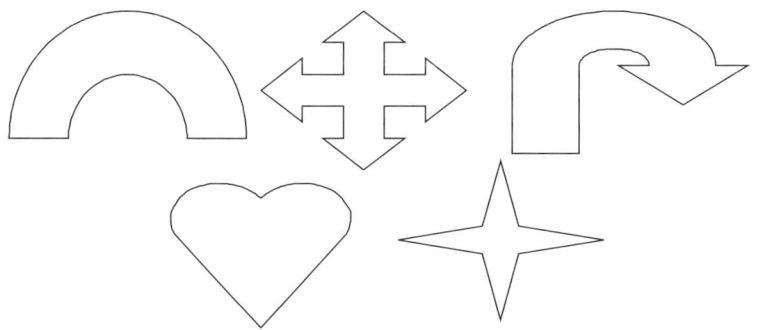

Male den Smiley aus, und male in die Gedankenblase, was er denkt.

Arbeitsblatt: Ausschneiden

Schneide genau auf diesen Linien.

Schneide zwischen den Linien.

Schneide auf diesen Wellenlinien.

Male etwas Besonderes in dieses Rechteck und schneide danach
dein Bild aus.

Arbeitsblatt: Mit dem Lineal arbeiten

Zeichne die Linien mit dem Lineal nach.

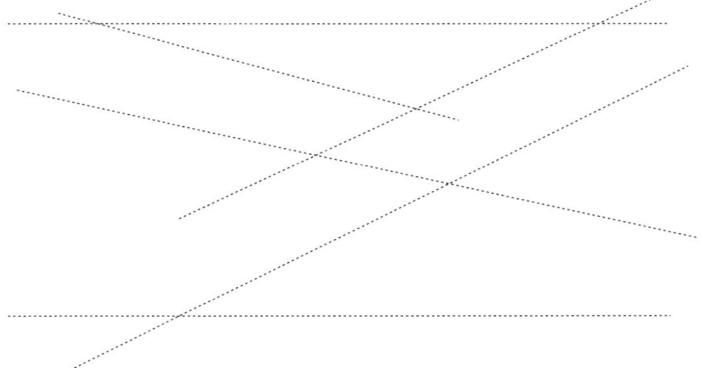

Verbinde die Punkte mit der 1 und die Punkte mit der 2 miteinander.

1
•

1
•

2
•

2
•

Zeichne diese Figuren mit dem Lineal nach.

Arbeitsblatt: Schraffieren

Zeichne die Schraffierungen nach.

Erfinde ein eigenes Muster.

Arbeitsblatt: Mit dem Zirkel arbeiten

Kannst du auch Kreise übereinanderzeichnen?

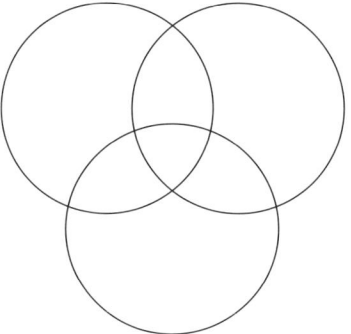

Versuche, diese Kreise nachzuzeichnen.

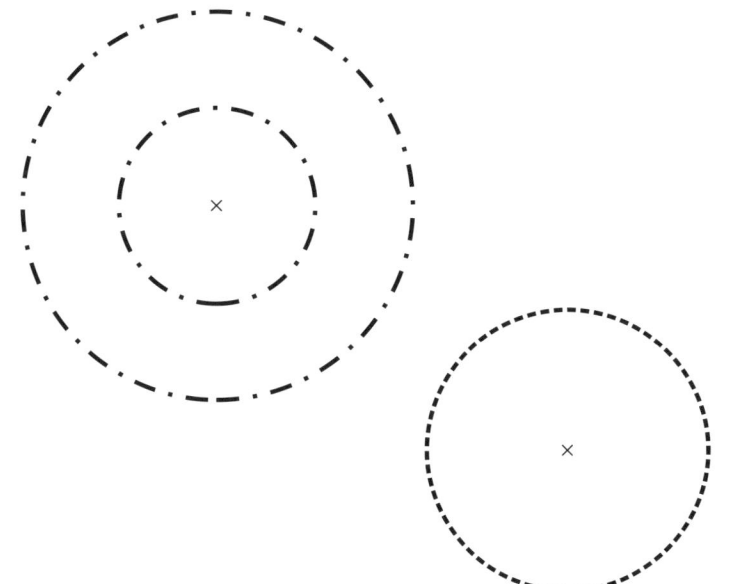

3.2   Lernmethoden

Bebildern

Bebildern ist eine Methode, die zu einem vertiefenden Textverständnis, zur Erfassung einer Textstruktur, zum Auswendiglernen von Gedichten oder Liedern, zur Begriffsbildung und später zum Lernen von Vokabeln benutzt werden kann. Jeweils zu einer Textpassage oder Strophe wird ein kleines Bild oder ein entsprechendes Symbol an den Rand gemalt oder geklebt. Dieses Bild soll das wichtigste Detail des Abschnittes wiedergeben und dem Kind zum Erkennen der Struktur oder zur Erinnerung des Inhalts dienen. Durch die intensive Auseinandersetzung bauen sich innere Bilder auf, wodurch sich der Sachinhalt nachhaltiger einprägt. Diese Methode eignet sich für die Phase der Verarbeitung, besonders aber zur Sicherung von Informationen. Damit eine Bebilderung des Textes möglich ist, sollten nur drei Viertel der Heftseite beschrieben werden, damit am Rand ausreichend Platz bleibt. Zur Durchführung der Methode werden dünne, farbige Stifte und Bildmaterial zum Ausschneiden benötigt.

Der hier beschriebene Trainingsablauf wurde in einem zweiten Schuljahr durchgeführt.

Auftrag

Die Kinder sollen das Lied „Die Vogelhochzeit" in der kommenden Woche auswendig lernen. Dazu schreiben sie zuerst den Text in ein Heft ab und malen dann zu jeder Strophe ein kleines Bild oder Symbol an den Rand. In den nächsten Tagen versuchen sie, sich nur anhand der kleinen Zeichnungen an den Inhalt der einzelnen Strophen zu erinnern.

Methode anwenden

Die Kinder wenden die Methode an und können nach der Fertigstellung versuchen, das Lied nur mithilfe der Bilder zu singen.

Anwendungen reflektieren

Die entstandenen Heftseiten werden ausgestellt und Aspekte der Gestaltungsmöglichkeiten genannt. Wichtige Details werden von der Lehrerin an der Tafel stichwortartig in zwei Reflexionsphasen protokolliert. Unter der ersten Leitfrage „Was ist beim Bebildern wichtig?" gaben die Kinder folgende Hinweise:

● Man muss direkt neben der Strophe das kleine Bild malen, damit man weiß, wozu das Bild gehört.

Die Vogelhochzeit
1. Die Vögel wollten Hochzeit halten, in dem grünen Walde.

2. Die Drossel war der Bräutigam, die Amsel war die Braut.

3. Die Lerche, die Lerche, die führt die Braut zur Kerche.

4. Der Wiedehopf, der Wiedehopf, der schenkt der Braut 'nen Blumentopf.

5. Der Spatz, der kocht das Hochzeitsmahle, verzü verzehrt die schönsten Bissen all.

6. Die Gänse und die Anten, das sind die Musikanten.

7. Der Pfau mit seinem bunten Schwanz, der führt die Braut zum ersten Tanz.

8. Brautmutter war die Eule, nimmt Abschied mit geheule,

9. Frau Kratzefuß, Frau Kratzefuß gibt allen einen Abschiedskuss.

10. Nun ist die Vogelhochzeit aus, und alle zien vergnügt nach Haus.

Schülerbeispiel „Bebildern", 2. Schuljahr

● Wenn man nicht so gut Vögel malen kann, kann man sie ausschneiden.

● Wenn ich die zwei Tränen sehe, weiß ich, dass es sich um folgende Strophe handelt: „Brautmutter war die Eule, nimmt Abschied mit Geheule."

● Man muss nur kleine Bilder malen und immer nur das Wichtigste.

Kinderäußerungen in der zweiten Reflexionsphase:

● Für mich war es gut, nach jeder Strophe zuerst einmal das entsprechende Bild zu malen. Dann hatte ich diese Strophe noch immer im Kopf.

● Ich habe mir das Lied immer wieder durchgelesen und dann in der Zeitung Bilder ausgesucht. Jetzt habe ich es so oft gelesen, dass ich das Lied auswendig kann.

● Nach dem Schreiben habe ich zuerst alle ausgeschnittenen Bilder aufgeklebt und dann dazu gemalt. Dazu musste ich das Lied so oft lesen, jetzt kann ich es schon.

● Ich habe zum Schluss versucht, das Lied anhand der Bilder leise für mich zu singen. Das ging schon ganz gut.

Methodenplakat erstellen – Methodenplakate präsentieren

Tipps

Während dieser Trainingseinheit ist es eine große Herausforderung und Motivation für alle Kinder, das Lied immer wieder nur anhand der Bilder zu singen. Die Methode eignet sich auch zur Unterstützung eines Vortrags.

Diagramm

Das Diagramm ist eine zeichnerische Darstellung von Größenverhältnissen und ermöglicht dem Zuhörer während eines Vortrags einen raschen Überblick und den Vergleich von erhobenen Daten. Als Methode kann das Diagramm besonders effektiv in der Phase der Verarbeitung von Informationen und der Präsentation genutzt werden. In vielen Mathematikbüchern haben Kinder die Möglichkeit, aus unterschiedlichen Diagrammformen wie Säulen-, Balken-, Linien-, Kreis-, Punkt-, Flächen- und Netzdiagrammen Informationen zu entnehmen und Schlussfolgerungen zu ziehen. In der Grundschule genügt es, sich auf die Erstellung von Säulen- und Balkendiagrammen zu beschränken und alle weiteren Formen nur zur Entnahme von Daten zu nutzen.

Vor der Durchführung des Trainings sollten die Kinder Säulendiagramme kennengelernt und diese mit Legosteinen nachgebaut haben. Sie sollten auch bereits wissen, dass man zur Vorbereitung eines Diagramms zuerst Daten erheben muss und diese am besten in einer Tabelle festhält.

In einem Projekt eines dritten Schuljahres beschäftigen sich die Kinder mit dem Vorkommen und der Nutzung natürlicher Energieressourcen, u. a. mit Wasser. Sie zeigen sich darüber betroffen, dass sich der Wasserverbrauch zunehmend erhöht. Daraus entsteht die Frage „Was können wir schon heute tun, damit wir weniger Wasser verbrauchen?" Die Kinder entscheiden sich, in unterschiedlichen Lebenssituationen den Wasserverbrauch in ihrer Familie zu messen: beim Duschen, Baden, Zähneputzen, Kochen, Spülen (mit der Hand oder der Maschine), Waschen (in der Waschmaschine), Wässern der Pflanzen im Garten (mit Leitungswasser oder Regenwasser).

Die Ideen zum Einsparen von Wasser werden gesammelt und einige in den Familien umgesetzt. Danach wird eine erneute Messung des Wasserverbrauchs durchgeführt. Zum Darstellen des Wasserverbrauchs „vorher" und „nachher" sollten Diagramme erstellt werden, um die Einsparung zu veranschaulichen.

Folgende Materialien sollten zur Durchführung zur Verfügung stehen: Rechenpapier, Schreibmaschinenpapier (blanko), Millimeterpapier, Lineale, unterschiedlich dicke und farbige Stifte, große und kleine Legosteine unterschiedlicher Formen.

Auftrag

An einem Elternnachmittag sollen die Kinder anhand von zwei Diagrammen den Wasserverbrauch in unterschiedlichen Familien aufzeigen und die Eltern zu weiteren Einsparungsmaßnahmen motivieren.

Methode anwenden

Die Kinder entscheiden sich für das Diagramm als Darstellungsform und legen eine Einheit (z. B. ein Liter = ein großer Legostein) fest. Die erhobenen Werte werden zuerst in Form einer Säule aus Legosteinen gebaut und danach entsprechend auf Papier übertragen.

Anwendungen reflektieren

Die unterschiedlichen Formen der Darstellung werden unter einer ersten Leitfrage („Welche Diagramme sind besonders gut gelungen?") reflektiert. Die Lehrerin protokolliert an der Tafel:

- Die Säule für den Wasserverbrauch „vor dem Projekt" sollte immer die gleiche Farbe haben. Die Säule, die den Verbrauch „nach dem Projekt" zeigt, sollte eine andere Farbe haben.
- Die Säulen, die groß gemalt wurden, wirken bedrohlicher. Wenn man also besonders auf etwas aufmerksam machen will, sollte man es groß malen.
- Die Säule, die einem wichtig ist, sollte eine bestimmte Farbe haben, z. B. Rot.
- Ein Plakat hat eine Überschrift „Wir müssen **heute** Wasser sparen". Das ist gut, denn jeder weiß jetzt, worum es geht.
- Bei einem Diagramm verlaufen die Säulen waagerecht, bei einem anderen senkrecht. Die Ergebnisse wirken dadurch anders.
- Es ist einfacher, wenn man ein Diagramm auf Rechenpapier malt, als wenn man weißes Papier benutzt.

Kinderäußerungen in der zweiten Reflexionsphase:

- Wir haben uns zuerst für eine Einheit entschieden. Ein großer Legostein steht für einen Liter Wasser und ein Kästchen auf dem Papier steht auch für einen Liter Wasser.
- Später haben wir überlegt, in welche Richtung unsere Säulen laufen sollen, waagerecht oder senkrecht.
- Wir haben diskutiert, auf welches Papier wir malen sollen und welche Farben wir benutzen. Wir haben uns für Rechenpapier entschieden, weil das einfacher zu malen ist, und für die Farben Gelb und Rot, weil man die besonders gut sieht.
- Wir haben überlegt, wie groß wir das Diagramm malen, damit es auch wichtig wirkt.

Methodenplakat erstellen – Methodenplakate reflektieren

Tipps

Informationen, die in Diagrammen verarbeitet werden können:

- Müllmengen in Städten
- Kinder, die an freiwilligen Arbeitsgemeinschaften der Schule teilnehmen
- Kinder, die am Nachmittag freiwillig lesen
- Darstellung der Fernseh- und Freizeit

Darstellung und Präsentation von Diagrammen müssen sinnvoll sein und eine Forderung oder Handlungsänderung nach sich ziehen. Beispiele:

- Müllmengen in den Städten – **Familien und Städte brauchen ein anderes Müllkonzept!**
- Kinder, die an freiwilligen Arbeitsgemeinschaften der Schule teilnehmen – **Arbeitsgemeinschaften, die besonders gerne gewählt werden, müssen häufiger angeboten werden!**
- Kinder, die am Nachmittag freiwillig lesen – **Was können wir tun, damit mehr Kinder Leselust verspüren?**
- Darstellung der Fernseh- und Freizeit – **Wie viel Fernsehzeit ist gesund? – Wie können wir unsere Freizeit sinnvoll nutzen?**

Haben Kinder frühzeitig Erfahrungen mit der Herstellung von Diagrammen gemacht, so finden sie später selber Situationen, in denen sie diese Darstellungsform anwenden können.

Eine Gegenüberstellung von zwei Säulendiagrammen, bestehend aus kleinen und großen Legosteinen, zeigt dem Kind, dass der Wert nicht von der Größe der Einheit bzw. des Stellvertreters abhängt. Große Darstellungen können sich aber ohne weiteres auf die Befindlichkeit des Lesers auswirken.

Exzerpieren oder Herausschreiben

Unter der Methode des Exzerpierens wird das Herausschreiben von Wörtern oder Textpassagen verstanden. In der ersten und zweiten Klassenstufe entstehen häufig Listen und Stichwortzettel, in den Klassen drei und vier wird die Methode für die Vorbereitung eines Vortrags oder zur Textplanung genutzt.

Zur Durchführung des Trainings benötigt man Textmarker, Karteikarten oder ein Heft (z. B. Hausaufgabenheft). Das Exzerpieren wird in Einzelarbeit ausgeführt; zur Reflexion werden die Exzerpte jedoch in der Kleingruppe oder der Klasse miteinander verglichen.

An einem Beispiel für das zweite Schuljahr verdeutlichen wir eine Möglichkeit des Trainings zum Exzerpieren. Es wäre sinnvoll, die Methode des Markierens (vgl. S. 49) schon vorher zu trainieren, damit sie hier im Zusammenhang sinnvoll eingesetzt und somit geübt werden kann.

Auftrag
Jedes Kind soll am nächsten Tag ein Stiftkino herstellen. Dazu muss es Materialien mitbringen, die in einer Bastelanleitung beschrieben sind. Das Kind erhält von der Lehrerin den Tipp, die Wörter zuerst zu markieren, damit es sie zum Exzerpieren (oder Herausschreiben) besser wiederfinden kann.

Methode anwenden
Jedes Kind erhält eine Kopie der Bastelanleitung.

Das Stiftkino
Eine andere Art Drehkino kannst du dir mit einem Bleistift basteln. Aus einer weißen Pappe schneidest du ein Rechteck aus, das sich zu zwei Quadraten falten läßt. In das eine Quadrat zeichnest du das erste Bild, z. B. einen Fisch. In das andere Quadrat malst du das Aquarium. Jetzt in der Mitte falten und zusammenkleben. Das Pappquadrat befestigst du mit Klebestreifen an einem Stift. Drehe den Stift schnell zwischen den Händen hin und her. Schon schwimmt der Fisch im Wasser!

Abbildung aus:
Lauth, Birgit: Die Bilder-
trickkiste
© 1994 Coppenrath Ver-
lag, Münster

Das Kind liest die Bastelanleitung und markiert eventuell danach die Materialien, um sie in sein Hausaufgabenheft zu schreiben.

Anwendungen reflektieren

Die so entstandenen unterschiedlichen Materiallisten werden gegenübergestellt und wichtige Details von der Lehrerin im Gespräch an der Tafel protokolliert, z. B.:

● Materialien wurden nebeneinander geschrieben. (Kommentar: „Oje, das
  kann ich nicht so gut lesen!")
● Materialien wurden untereinandergeschrieben.
● Die Materialien wurden so aufgeschrieben, wie sie im Text vorkommen.
● Die Materialien wurden nach dem Alphabet geordnet. (Kommentar:
  „Das Alphabet finde ich schön!")
● Nur die Materialien wurden aufgeschrieben, die das Kind von zu Hause
  mitbringen muss; die anderen Materialien sind in der Klasse oder im
  Tornister. (Kommentar: „Ich muss nur das aufschreiben, was ich von zu
  Hause mitbringen muss.")

Aus dem Vergleich dieser unterschiedlichen Listen entdecken die Kinder
grundsätzliche Aspekte, z. B.:

● Das Markieren der Materialien ist eine gute Vorbereitung für das Exzer-
  pieren.
● Nicht alle Wörter, die ich herausschreiben muss, sind Nomen (z. B. zu-
  sammenkleben).
● Wenn die Wörter untereinanderstehen, ist die Materialliste übersicht-
  licher.
● Wenn alle Materialien aufgeschrieben werden, kann ich am nächsten
  Tag den Arbeitsplatz nach dieser Liste vorbereiten.
● Es wurden zwei Listen geschrieben, eine Einkaufsliste und eine Liste mit
  allen Materialien, die man zum Basteln braucht.

Kinderäußerungen in der zweiten Reflexionsphase:

● Ich habe mir zuerst alles durchgelesen.
● Zuerst habe ich mir das Bild angesehen, um zu wissen, wie ein Stiftkino
  aussieht. Danach konnte ich den Text besser verstehen.
● Erst beim zweiten Lesen habe ich mir die Wörter markiert und dann aufgeschrieben.
● Ich habe den Text gelesen und mir überlegt, was ich mitbringen muss. Einen Bleistift, einen Stift und Kleber habe ich immer im Tornister, Pappe
  und Klebestreifen hat doch die Lehrerin. Also muss ich nichts aufschreiben. (Sehr praktisch gedacht, aber die Lehrerin sollte an dieser Stelle
  darauf hinweisen, dass sie diesmal keine Materialien zur Verfügung
  stellt.)

In dieser Phase erzählen die Kinder auch von zu Hause. Sie beobachten sehr genau das Vorgehen von Erwachsenen. Einige Kinder stellten fest:

● Meine Mama muss immer alle Listen machen.
● Meine Mama muss immer alles so aufschreiben, wie es im Laden steht, sonst finden Papa und ich die Sachen nicht.
● Wenn meine Mama eine Liste für mich schreibt, muss sie Druckschrift schreiben, damit ich sie besser lesen kann.

Methodenplakat erstellen – Methodenplakate präsentieren

Kartenmethode

Die Kartenmethode wird seit Jahren in der Erwachsenenbildung als Moderationsmethode benutzt und kann in unterschiedlichen Phasen eines Lernprozesses eingesetzt werden. Sie dient zu Beginn eines Lernprozesses hauptsächlich einem – zunächst noch unstrukturierten – Sammeln von Ideen und Gedanken zu einem Thema, einem Aktivieren des Vorwissens. In einer zweiten Arbeitsphase werden die Karten strukturiert, um auf diese Weise die Ideen der ganzen Klasse wahrnehmen zu können. Gleichzeitig werden hierdurch die eigenen Gedanken bestärkt und neue Informationen dazugewonnen. Durch dieses Vorgehen wird die spätere Arbeit am Thema vorbereitet. Neues Wissen verknüpft sich dann schneller und nachhaltiger mit bisher gespeichertem. Die Kartenmethode kann auch zur Vorbereitung einer Erzähl- oder Schreibplanung dienen.

Zur Durchführung der Kartentechnik werden farbige, rechteckige oder ovale Karten in der Größe von etwa 5 x 10 Zentimeter benötigt. Auf jede Karte wird ein Stichwort mit einem dicken Stift geschrieben, damit es aus der Entfernung gelesen werden kann.

Die Arbeit mit der Kartenmethode beginnt grundsätzlich als Einzelarbeit und setzt sich unterschiedlich über Partner- oder Kleingruppenarbeit fort, z. B.:

● Jedes Kind schreibt seine Gedanken auf Karten (Einzelarbeit).
● Jedes Kind schreibt seine Gedanken auf Karten und stellt diese einem anderen Kind oder in einer Kleingruppe vor. In dieser Phase wird gemeinsam entschieden, ob alle Gedanken zum Thema gehören. Ist das nicht der Fall, werden die entsprechenden Karten aussortiert. Weiterhin kann die Kleingruppe entscheiden, ob auch alle Mehrfachnennungen aussortiert werden (Einzelarbeit, Partner- oder Kleingruppenarbeit).

Die anschließende Strukturierung erfolgt an der Tafel oder Stellwand und kann unterschiedlich gestaltet werden:

● Jedes Kind stellt die eigenen Karten vor und strukturiert sie nach seinem Ermessen. Diese begonnene Struktur können dann alle anderen Kinder weiterführen.
● Während ein Kind seine Karten vorstellt und strukturiert, kann ein anderes Kind eine dazugehörige Karte sofort dazuordnen (Domino-Prinzip).
● Ein Kind stellt stellvertretend für seine Kleingruppe alle Karten vor und strukturiert sie. Weitere Gruppen folgen.

Im Laufe der Trainingsabläufe unterschiedlicher Methoden sollten alle Varianten der Strukturierung erfahren werden, um die Vor- und Nachteile zu reflektieren.

Auftrag

Das Kind soll alle Gedanken als Stichwörter auf jeweils eine Karte schreiben, die ihm zu einem vorgegebenen Thema einfallen. Später werden alle Karten an die Tafel gehängt, sodass alle sehen können, welche Gedanken zu einem Thema „in den Köpfen" der Kinder einer Klasse sind.

Methode anwenden

Jedes Kind erhält Karten und dicke Stifte. Es soll zunächst in relativ kurzer Zeit seine Gedanken aufschreiben. Danach werden alle Karten an der Tafel sortiert.

Anwendungen reflektieren

In der ersten Phase der Reflexion werden zunächst die Vorteile der Methode benannt und in einer zweiten Phase wird das systematische und individuelle Vorgehen beschrieben. Die Lehrerin schreibt wichtige Details als Stichwörter an die Tafel. Kinderäußerungen in der ersten Reflexionsphase:

● Zuerst konzentriere ich mich auf meine Gedanken.
● Ich weiß, dass ich alles aufschreiben darf, darum habe ich keine Angst, etwas falsch zu machen.
● Ich erinnere mich an etwas, was ich erlebt habe. Denke ich dann länger darüber nach, erinnere ich mich noch an Kleinigkeiten.
● Wenn ich die Karten von anderen Kindern sehe, dann merke ich plötzlich, dass ich zu diesem Stichwort auch etwas weiß.

Kinderäußerungen in der zweiten Reflexionsphase:

● Ich habe zuerst meine Gedanken aufgeschrieben. Danach habe ich mir jede Karte noch einmal angesehen und schon kamen weitere Gedanken dazu.
● Beim Aufhängen der Karten merkte ich, dass einige Gedanken zusammengehören.
● Man muss sich zwischendurch einmal Zeit lassen, um alles noch einmal zu lesen und darüber nachzudenken.
● Ich brauche Zeit und Ruhe zum Nachdenken.
● Ich sehe mir alle Karten an und habe dann viele Gedanken zu diesem Thema.

Methodenplakat erstellen – Methodenplakate präsentieren

Tipp
Im ersten Training sollte die erste Phase des Brainstormings zeitlich begrenzt sein, damit die Kartenanzahl beschränkt wird und die Strukturierung überschaubar bleibt.

Lernplakat

Das Lernplakat ist eine überwiegend bildliche Darstellung von Lerninhalten. Inhaltliche Informationen zu einem Thema können zur Erstellung eines Lernplakats aus Texten, Filmen oder Vorträgen gewonnen werden. Diese Form eines Plakats wird in der Phase der Verarbeitung von Informationen verwendet und dient in der Präsentation zur Visualisierung und in einem Vortrag der gedanklichen Führung. Ein Lernplakat wird in einer Gruppe von drei, höchstens vier Schülern angefertigt.

Zur Erstellung müssen die Kinder den Inhalt vielfach diskutieren und sich über die darzustellenden Aussagen sowie Darstellungs- und Gestaltungsmerkmale einigen. Durch diese längeren intensiven Auseinandersetzungen werden Informationen und Details zum Inhalt längerfristig im Gedächtnis gespeichert. Die Phase der Gestaltung schafft Raum für ein ganzheitliches und gehirngerechtes Lernen; feinmotorische Fertigkeiten werden verbessert, Phantasie und Kreativität ausgelebt. Eine besondere Variante des Lernplakats ist das Methodenplakat.

Zur Erstellung eines Lernplakats eignen sich große Plakate oder festes Papier (DIN A1); unterschiedlich dicke, farbige Stifte, Zeitschriften und Piktogramme werden zum Ausschneiden benötigt.

Die Kinder arbeiten in Kleingruppen (drei bis vier Kinder) zusammen. In einer Trainingseinheit konzentriert sich die Reflexion hauptsächlich auf die Qualität der Darstellung und die Gestaltung eines Plakats.

Auftrag
Ein Lernplakat soll zu einem vorgegebenen Thema gestaltet werden und später zur Unterstützung während eines Vortrags dienen. Die Kinder bekommen den Tipp, dass es für die Zuhörer wichtig ist, viele Bilder auf dem Plakat zu sehen, da man Bilder schneller aufnehmen und besser behalten kann.

Methode anwenden
Die Kinder erstellen ein Lernplakat zu einem vorgegebenen Thema.

Sie wissen, dass sie später anhand des Lernplakats einen Vortrag vor der Klasse halten sollen. Sie können diesen Vortrag in der Kleingruppe üben und entscheiden, ob es ein Einzel- oder Gruppenvortrag werden soll. Erst nach allen Vorträgen, die an aufeinanderfolgenden Tagen gehalten werden, erfolgt die Reflexion der Lernplakate.

Anwendungen reflektieren
Bei der Vorstellung der Lernplakate sehen die Kinder sehr schnell, welche Gestaltungsmöglichkeiten für einen Vortrag hilfreich sein können. Durch die Leitfrage „Was ist bei den Plakaten besonders gut gelungen?" wird ein positiver Blick geöffnet. Es werden alle – auch für ein späteres Methodenplakat – wichtigen Details genannt. In dieser Gesprächssituation verfasst die Lehrerin wieder gesprächsbegleitend ein Protokoll über die Besonderheiten an der Tafel. Folgende Gestaltungsmerkmale haben die Kinder genannt:

● Die Schrift muss besonders groß sein. Sonst kann man das Wort nicht lesen.
● Das ganze Plakat sollte genutzt werden.
● Auf einem Plakat sollte man wenig schreiben, dafür sollten viele Bilder zu sehen sein.
● Beim Vortragen liest man schneller einzelne Wörter und weiß automatisch, was man sagen möchte. Man braucht also keine ganzen Sätze zu schreiben.
● Pfeile sind wichtig, damit man sieht, was zusammengehört oder wie eine Reihenfolge sein soll.
● Durch eine Überschrift weiß man, zu welchem Thema das Plakat gemacht wurde.
● Mit Farben kann man zeigen, was wichtig ist oder was zusammengehört.

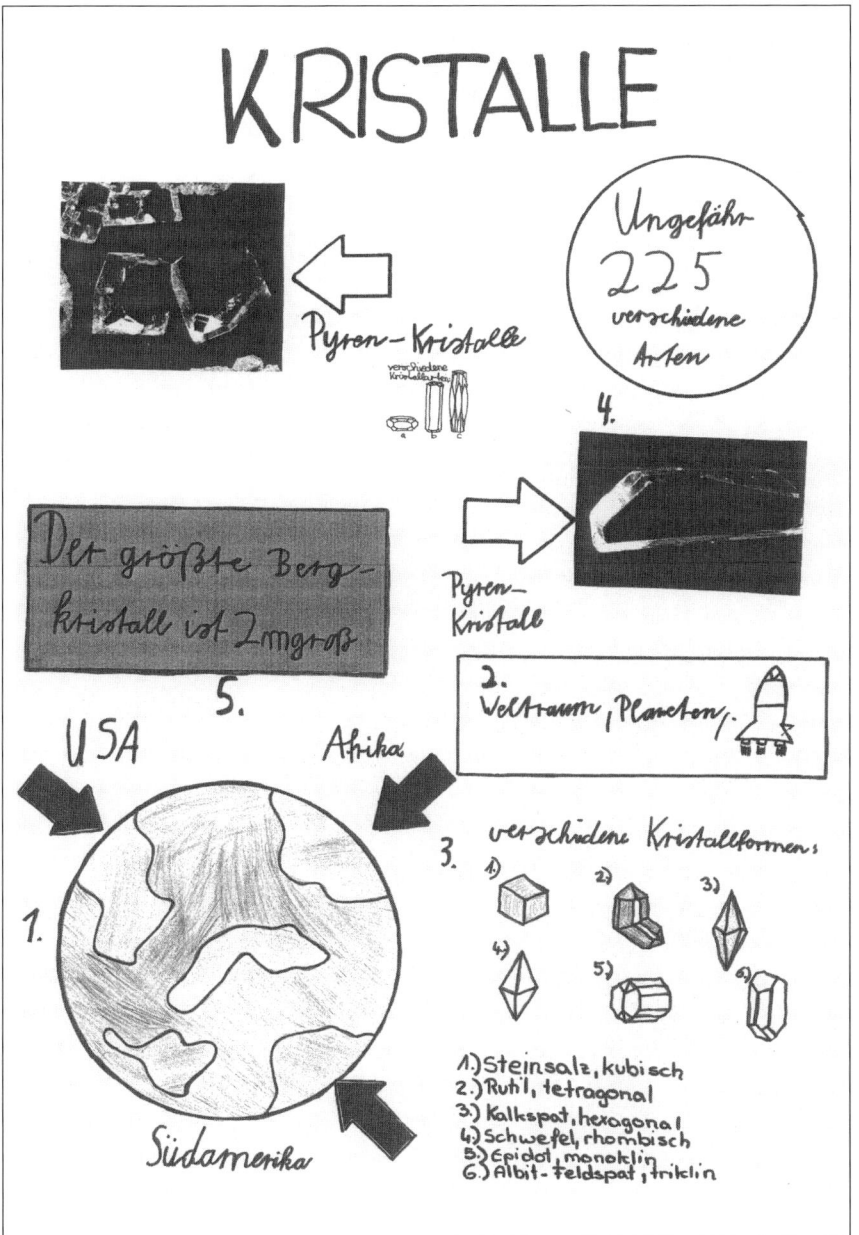

Lernplakat „Kristalle", 4. Schuljahr

Kinderäußerungen in der zweiten Reflexionsphase:

- Jeder muss sagen, was er zu dem Thema weiß und was auf das Plakat gemalt werden soll.
- Danach muss man in der Gruppe entscheiden, wer malt, wer ausschneidet und wer schreibt.
- Manchmal muss man lange diskutieren, bis alle damit einverstanden sind, was auf das Plakat soll.
- Bevor man anfängt, sollte man alle Materialien holen, Papier, Kleber, Schere und Zeitschriften.
- Wenn einem zwischendurch noch etwas Wichtiges einfällt, muss man sich in der Gruppe neu einigen.
- Wenn einem auf dem Plakat etwas nicht gut gelungen ist, kann man es überkleben.
- Wenn man nicht genau weiß, wie man das Plakat machen soll, kann man bei einer anderen Gruppe nachschauen, wie sie es gelöst hat. (Hier entwickelt sich oft großer Protest unter den Kindern.)
- Wenn wir klein unseren Namen drunterschreiben, wissen wir später noch genau, wer das Lernplakat gemacht hat.

Methodenplakat erstellen – Methodenplakate präsentieren

Tipps

Die Lernplakate einer ersten Klasse sind oft nur durch zwei oder drei Merkmale bestimmt. Manchmal unterteilen mehrere Kinder das Plakat in drei oder vier Segmente, in das jedes Kind für sich alleine malt. Im Laufe der Grundschulzeit wachsen aber die Ansprüche der Kinder an die Qualität ihrer Plakate, sodass die Lehrerin diese Prozesse zulassen sollte und den jeweiligen Entwicklungsstand der Kinder wertschätzt. Auch wenn die Lehrerin bei der Erarbeitung der Plakate beobachtet, dass die Kinder in einer viel zu kleinen Schrift und links oben in der Ecke schreiben, sollte sie die Erfahrung während des Vortrags abwarten und nicht korrigierend eingreifen. Durch die Eigenerfahrung der Kinder, dass sie das Geschriebene selber nicht lesen können, erinnern sie sich beim nächsten Mal viel besser.

Es entstehen in den vier Schuljahren sehr gute Lernplakate, die aber aus Platzgründen nicht alle aufgehoben werden können. Hier lohnt es sich, die Plakate mit einer Digitalkamera aufzunehmen und aus allen Ausdrucken ein Buch zu einem Thema herzustellen.

Markieren

Die Methode wird zur Bearbeitung von Texten oder zur Hervorhebung von wichtigen Einzelheiten in Bildergeschichten verwendet. Sie lässt sich in allen Unterrichtssituationen anwenden, in denen Informationen aus einem Text oder einer Bildergeschichte entnommen werden. Das Markieren ist eine Methode, die in der Einzelarbeit verwendet wird. Sie unterstützt das Verstehen eines Textes oder von Bildern und führt in der weiteren Arbeit zu einer intensiveren Auseinandersetzung mit dem Inhalt. Sie kann für unterschiedliche Zielsetzungen genutzt werden:

● anhand der markierten Wörter einen Vortrag über den Inhalt eines Textes halten
● sich beim schnellen Durchblättern anhand markierter Sätze an den Inhalt eines Buches erinnern

Erfahrungsgemäß verändern sich mit der Zeit Markierungsgewohnheiten. Somit gibt es für die Entwicklung dieser Methode kein „Richtig" oder „Falsch". Sie wird individuell für eine nutzbringende Verwendung gestaltet. Die Anwendung erfolgt in mehreren Schritten. In der ersten Phase kann der Text überflogen werden, um wichtige Textstellen mit Bleistift zu unterstreichen. Anschließend werden diese unterstrichenen Textstellen gelesen. Es wird überprüft, ob man sich an den Inhalt erinnern kann. Gelingt das, kann man den Text noch einmal lesen und nun alle wichtigen Begriffe oder Halbsätze mit einem Textmarker hervorheben. Zum Schluss kann die Leserin oder der Leser entweder noch einmal anhand der Markierungen versuchen, sich einen „stummen Vortrag" zu halten, bzw. einer Parternerin/ einem Partner oder einer Kleingruppe den Inhalt vorzutragen. Die Markierungen wirken ähnlich wie Bilder auf das Gehirn. Früher gespeicherte Informationen werden erinnert und neue Informationen gespeichert.

Zur Durchführung kann man Textmarker in unterschiedlichen Farben, einen Bleistift und ein Lineal benutzen. Die Materialien werden beim ersten Markieren bewusst nicht vorgegeben. Arbeitet man mit einem geliehenen Buch, in das man nicht markieren kann, so legt man eine Folie über die Seite, befestigt diese mit Büroklammern und kann dann die Markierungen mit einem Folienstift vornehmen. Das hier beschriebene Training wurde in einem ersten Schuljahr anhand einer Bildergeschichte durchgeführt. Das Markieren einer Bildergeschichte kann als Vorstufe zum späteren Markieren von Texten verstanden werden. Jeweils die wichtigste Einzelheit in dem Bild wird hervorgehoben, um später die Geschichte dazu zu erzählen.

Auftrag

Die Kinder erfahren, dass sie am nächsten Tag eine Bildergeschichte erzählen sollen. Auf diesen Vortrag können sie sich heute vorbereiten. Sie erhalten den Tipp, sich das Wichtigste zu markieren und dann anhand dieser Markierungen einem Partner die Geschichte zu erzählen. Damit später verglichen werden kann, wie jedes Kind markiert hat, werden alle Markierungsversuche ausgehängt und verglichen.

Methode anwenden

Jedes Kind erhält eine Kopie der Bildergeschichte „Robert und der Schlüssel" und markiert nach seinem momentanen Verständnis mit seinem ausgewählten Material.

Robert und der Schlüssel

Abbildung aus: Rolf und Margret Rettich: Kennst du Robert?

© *Rolf und Margret Rettich*

Nach dem Markierungsversuch sollte noch einmal daran erinnert werden, dass jeder den Partnervortrag durchführt und sich dabei nur die markierten Stellen in der Bildergeschichte anschauen soll.

Wenn alle Kinder ihren Vortrag geübt haben, wird angekündigt, dass sie in den nächsten Tagen die Geschichte vor der Klasse erzählen dürfen.

Anwendungen reflektieren

Die markierten Bildergeschichten hängen zur Reflexion aus. Unter der Frage: „Wie kann man besonders gut markieren?", richtet sich die erste Phase auf die Methodenreflexion. Wichtige Details zur Umsetzung der Methode schreibt die Lehrerin an die Tafel. Kinder äußerten in der ersten Reflexionsphase:

- Am besten sieht man den Textmarker in Gelb oder Orange.
- Markieren heißt, dass man in jedem Bild nur eine Kleinigkeit markiert.
- Markieren ist etwas anderes als Ausmalen. Man muss die Sache nicht fein ausmalen, sondern darf diesmal über die Linien malen.
- Jeder hat in den gleichen Bildern etwas anderes markiert, weil jedem etwas anderes wichtig ist.

Kinderäußerungen in der zweiten Reflexionsphase:

- Man muss sich zuerst die ganze Geschichte ansehen, damit man weiß, worum es geht (überfliegendes Lesen).
- Ich schaue mir zuerst das letzte Bild an, damit ich weiß, wie die Geschichte zu Ende geht.
- Die Markierungen halfen mir, mich an Einzelheiten der Geschichte zu erinnern.

Methodenplakat erstellen – Methodenplakate präsentieren

Tipps

Nach unserer Erfahrung mit dem Training in den ersten Klassenstufen beinhalten die Methodenplakate oft nur drei Aspekte:

- die Anwendung eines Textmarkers,
- die Unterscheidung zwischen Ausmalen und Markieren und
- das Überfliegen der Bilder.

Markierungsplakate in einer dritten Klasse sind schon wesentlich detaillierter. Sie enthalten oft folgende Details:

- Text überfliegen
- mit Bleistift vormarkieren
- sich einen „stummen Vortrag" halten
- sich für die richtige Markierung entscheiden
- mit dem Textmarker markieren
- einen Partnervortrag halten

Für die Klassen 1 und 2 eignen sich besonders Bildergeschichten und vorbereitete Arbeitsblätter, aus denen die Kinder bestimmte Details heraussuchen sollen, z. B. zu folgenden Themen:

- Thema: Gesundes Frühstück – Ein Arbeitsblatt mit Bildern unterschiedlicher Nahrungsmittel
  Arbeitsauftrag: Markiere die Nahrungsmittel, die besonders gesund sind und/oder die du magst.
- Thema: Obstsalat herstellen – Ein Arbeitsblatt mit Bildern unterschiedlicher Obstsorten
  Arbeitsauftrag: Markiere die Obstsorten, aus denen du morgen deinen Obstsalat herstellen möchtest.
- Thema: Winter – Ein Arbeitsblatt mit Bildern unterschiedlicher Kleidungsstücke
  Arbeitsauftrag: Markiere die Kleidungsstücke, die du im Winter anziehen solltest.
- Thema: Körperpflege – Ein Arbeitsblatt mit Bildern unterschiedlicher Pflegeutensilien.
  Arbeitsauftrag: Markiere, was du zum Baden in der Badewanne verwendest.
- Thema: Besuch im Schwimmbad – Ein Arbeitsblatt mit unterschiedlichen Kleidungsstücken und Pflegeprodukten.
  Arbeitsauftrag: Markiere, was du in deine Badetasche packen musst.

Mind-Map

Die Methode Mind-Map wird auch als Gedankenlandkarte bezeichnet. In die Mitte eines Blattes wird ein Begriff geschrieben und durch einen Rahmen oder ein Bild hervorgehoben. Anschließend werden alle weiteren Gedanken oder Begriffe, wie unten in dem Beispiel gezeigt, um das Thema angeordnet. Zusammenhänge und Bedeutsamkeiten werden durch Pfeile, Verbindungslinien, Symbole, geometrische Figuren und kreative farbige kleine Bilder verdeutlicht. Die Mind-Map wird erstmalig von TONY BUZAN beschrieben:

> „Da das Gehirn primär mit Schlüsselbegriffen in einer verknüpften und integrierten Weise arbeitet, sollten unsere Aufzeichnungen in den meisten Fällen in dieser Struktur abgefasst sein und nicht in traditionellen Linien. (…) Die Mind-Map-Methode lehnt sich eng an die Funktionsweise des Gehirns an; sie kann daher in fast allen Bereichen eingesetzt werden, bei denen Denken, Erinnern, Planen und Kreativität gefordert sind." (BUZAN 1993, S. 126)

Die Methode bietet sich also analog zur Funktion des Gehirns in vielen Lernphasen an: zur Aktivierung des Vorwissens, zur Vorbereitung und als Manuskript für einen Vortrag oder zur Textplanung.

In der Entwicklung unseres Konzepts haben wir eine Variante dieser Methode entwickelt: die „ergänzende Mind-Map". Hierbei wird zur Erstellung der ersten Mind-Map nur eine Stiftfarbe benutzt, nach weiteren Phasen der Informationsgewinnung wird dann jeweils eine andere Farbe für die Ergänzung von Informationen gewählt. Eine Legende zeigt an, in welcher Reihenfolge die Informationen dazugewonnen wurden. Bei dieser Methode sieht das Kind sehr deutlich seinen gedanklichen Zuwachs in den einzelnen Lernphasen.

Aus unserer Erfahrung haben Mind-Maps in einem ersten Schuljahr häufig die Form einer Sonne (Cluster). Der Hauptgedanke steht in der Mitte, alle weiteren Gedanken sind einzeln angeordnet.

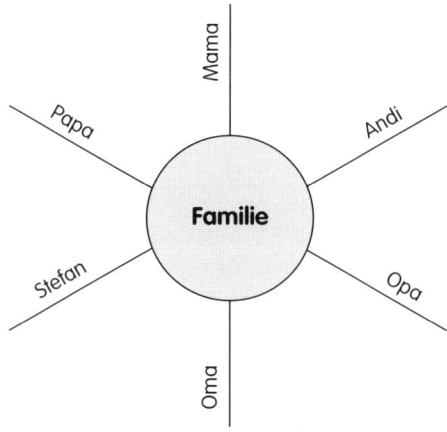

Dieser Cluster kann als Vorform einer Mind-Map verstanden werden. Schnell entwickeln die Kinder – entsprechend ihrer Sprachentwicklung und Begriffsbildung – erste Fortschritte in der Zuordnung und Verzweigung, jedoch noch ohne Anordnung nach Oberbegriffen.

Eine Anordnung, wie auf S. 54 gezeigt, erfolgt bei guter Sprachbeherrschung erst mit ca. 8 Jahren.

Die Entwicklung der Methode braucht also ihre Zeit, die Lehrerin muss mit pädagogischer Gelassenheit abwarten.

Die Mind-Map ist in ihrem eigentlichen Verständnis eine persönliche Gedankenlandkarte; erst nach ausreichender Einzelerfahrung kann die Methode als Gruppenmethode eingesetzt werden. Zur Erstellung einer Mind-Map benötigt man ein Blatt Papier (DIN A4) und unterschiedlich dicke Stifte in unterschiedlichen Farben.

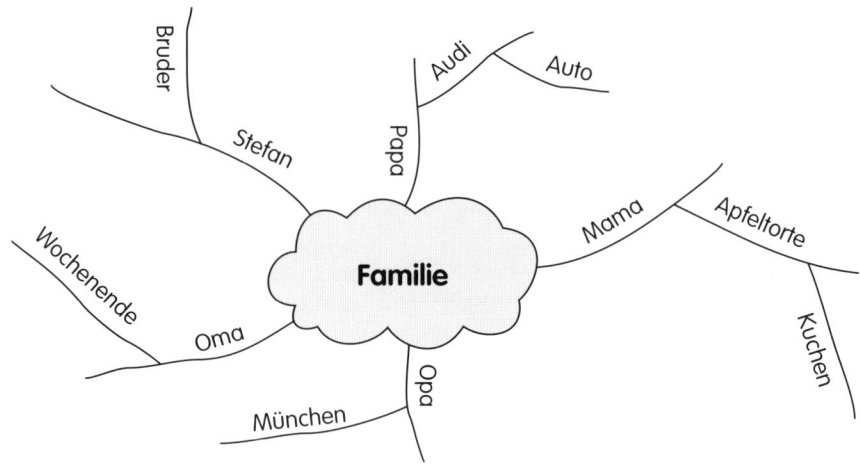

Auftrag

Alle Gedanken und Ideen zu einem Begriff sollen in eine Gedankenlandkarte eingetragen werden. Den Kindern wird erklärt, dass sie versuchen
sollen, eine Gedankensperre durch Malen zu lösen.

Methode anwenden

Jedes Kind erhält ein DIN-A4-Blatt und unterschiedlich dicke und farbige
Stifte. Die Lehrerin erläutert kurz die Methode und visualisiert dies an der
Tafel:

- Schreibe den Begriff „Familie" in die Blattmitte. Du kannst etwas Schö-
  nes um den Begriff malen.
- Schreibe danach alle wichtigen Gedanken dazu auf eine neue Linie, die
  von deiner Mitte ausgeht. Zum Schluss sieht es wie eine Sonne aus.
- Nun überlegst du bei jedem einzelnen Hauptgedanken, ob dir noch mehr
  dazu einfällt.
- Jetzt kannst du diese Gedanken auf Abzweigungen schreiben.

Auf diese Weise haben wir schon in den Klassen 1 und 2 die erste Mind-Map
zum Thema „Familie" erstellt.

Anwendungen reflektieren

Die so entstandenen unterschiedlichen Mind-Maps (oder auch Cluster) werden gegenübergestellt. Die Kinder nehmen unterschiedliche Möglichkeiten

der Gestaltung wahr. Die wichtigsten Aspekte protokolliert die Lehrerin an der Tafel, z. B.:

- Man kann unterschiedliche Stiftfarben benutzen.
- In einigen Mind-Maps wurde die Hauptlinie dick gemalt und die Neben- linien dünner.
- Manche Kinder haben viel gemalt.
- Wenn man nur Druckschrift verwendet, kann man die Wörter besser lesen.
- Manche Haupt- oder Nebengedanken werden durch Pfeile miteinander verbunden, wenn sie zusammengehören.

Kinderäußerungen in der zweiten Reflexionsphase:

- Zuerst habe ich lange einen Rahmen um das Wort „Familie" gemalt, da- mit ich Zeit hatte, zu überlegen.
- Einige Nebengedanken habe ich an mehrere Hauptgedanken geschrie- ben, weil sie zu allen passten.
- Ich hatte während der Gestaltung der Mind-Map viel Zeit, über meine Familie nachzudenken (Konzentration auf das Wesentliche).

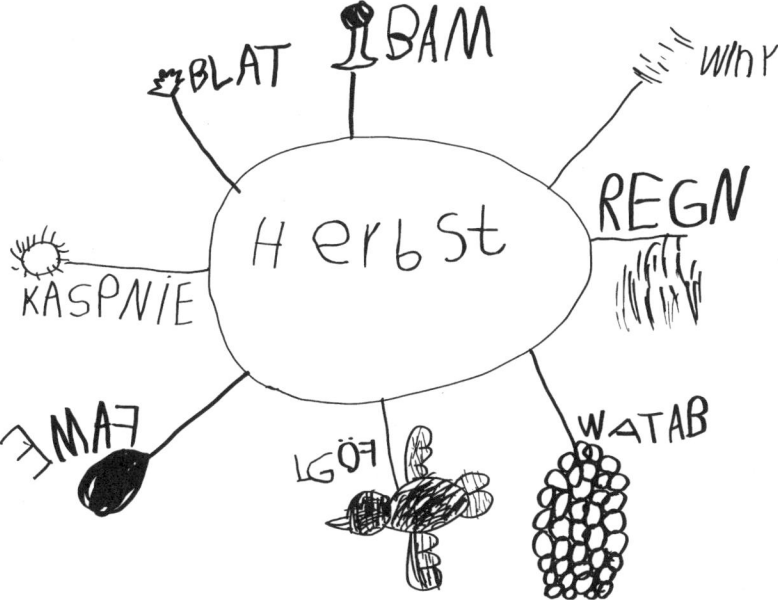

Mind-Map zum Thema „Herbst", 1. Schuljahr/Oktober

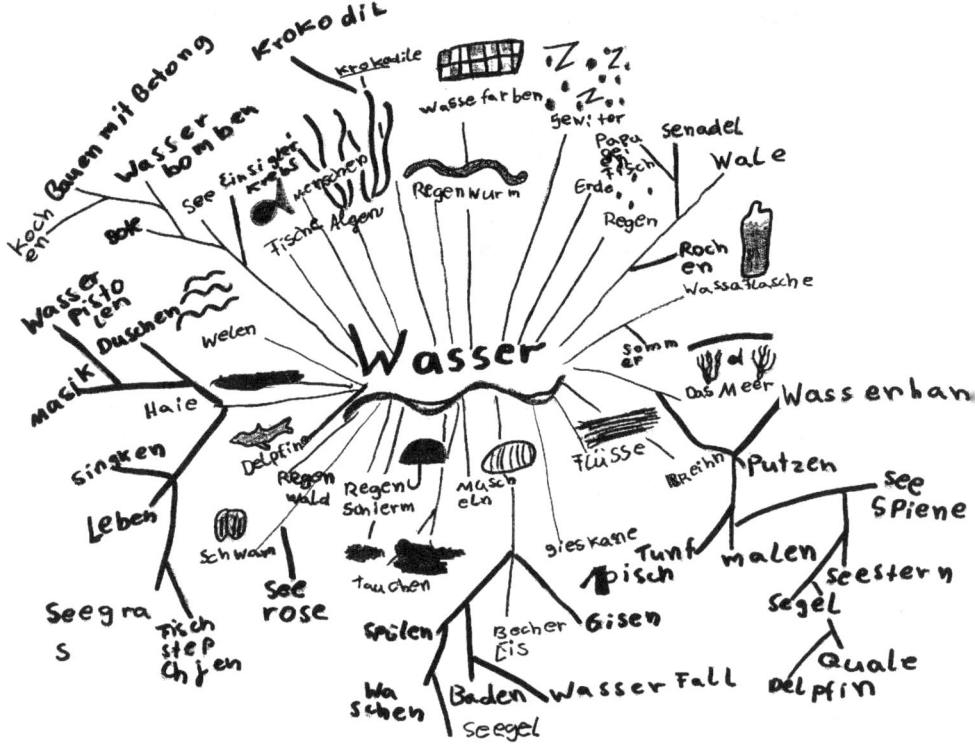

Mind-Map zum Thema „Wasser", 2. Schuljahr

Methodenplakat erstellen – Methodenplakate präsentieren

Tipps

Die Methode Mind-Map ist bei den Kindern sehr beliebt. Sie können sich hierbei gut konzentrieren und genießen die Ruhe während der Erstellung. Die Mind-Map ist eine persönliche Gedankenlandkarte: Kein Kind sollte deshalb zur Veröffentlichung gezwungen werden.

Es kommt vor, dass ein Kind zu einem Thema immer wieder eine neue Mind-Map anfertigt, weil die erste nicht mehr seinen Vorstellungen entspricht; hierfür sollte dem Kind Zeit gewährt werden.

Fertige Mind-Maps, die während einer Unterrichtsreihe entstehen, können nach Absprache mit dem Kind zur Bewertung hinzugezogen werden.

Schaubild

Das Schaubild ist die zeichnerische Darstellung eines Gegenstands oder Ablaufs. Bezeichnungen, Pfeile oder Symbole ergänzen es. Die Methode kann in vielen Lernsituationen genutzt werden, zum Lernen von Begriffen (Informationen sichern), zur Präsentation von Ergebnissen (Visualisierung während eines Vortrags), aber auch als Grundlage für eine Textplanung (Informationen sichern). Fachspezifische Begriffe können besser behalten werden, wenn sie im Zusammenhang mit einem selbst gezeichneten Bild gelernt werden. Durch die Anwendung der Methode werden durch ein kreatives und gleichzeitig kognitives Vorgehen beide Gehirnhälften aktiviert. Der Prozess der Erstellung ist für das Lernen von Bedeutung und nicht das Bild als künstlerisches Werk.

Die Methode lässt sich in Einzelarbeit und in der Kleingruppe anwenden. Zur Durchführung des Trainings werden eine große Pappe (DIN A3), unterschiedlich dicke Stifte in verschiedenen Farben, verschiedene Karteikarten, Schere und Kleber benutzt.

Den Trainingsablauf verdeutlicht ein Beispiel aus einem zweiten Schuljahr zum Thema „Baum". Die Kinder hatten bisher Schaubilder interpretiert, selber aber noch keine hergestellt. Die inhaltliche Arbeit am Thema war zu diesem Zeitpunkt bereits abgeschlossen. Mit der Methode sollte noch einmal überprüft werden, ob die Kinder wichtige Begriffe zum Thema „Baum" beherrschen.

Auftrag

In der nächsten Woche soll jedes Kind anhand eines Schaubilds alle Bezeichnungen eines Baumes benennen können und ein selbst hergestelltes Schaubild zur Präsentation nutzen.

Methode anwenden

Die Kinder malen einen großen Baum und beschriften die entsprechenden Baumteile.

Anwendungen reflektieren

Alle Bilder werden zur Reflexion aufgehängt. Folgende Besonderheiten nennen die Kinder. Die Lehrerin protokolliert wichtige Details an der Tafel:

- Neue Wörter kann man besser behalten, wenn man sie mit der Methode Schaubild gelernt hat.
- Alles sollte in Druckschrift geschrieben werden, damit es jeder lesen kann.

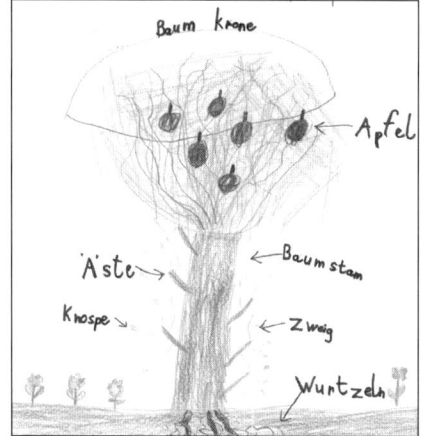 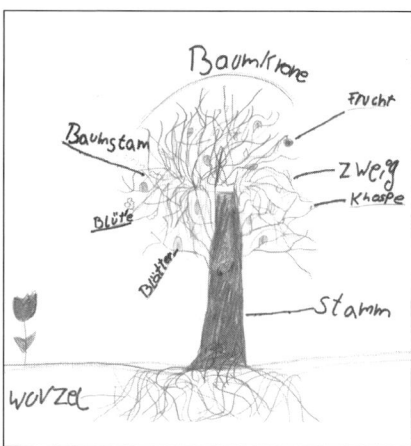

Schülerbeispiele „Schaubild"

- Wenn ich ein Wort falsch geschrieben habe, kann ich das Wort richtig auf eine Karte schreiben und aufkleben.
- Der Baum muss groß gemalt werden, damit man auch kleine Baumteile gut sehen kann.

Kinderäußerungen in der zweiten Reflexionsphase:

- Um manche Baumteile malen zu können, musste ich zuerst üben. Das habe ich vorher auf einem anderen Papier gemacht.
- Ich musste noch einmal neu anfangen, da mein erster Baum zu klein gezeichnet war. Ich muss mich an die Größe der Pappe gewöhnen.
- Ich finde es gut, dass ich zuerst zeichnen konnte und mich dann erst um die Wörter kümmern musste.
- Zuerst habe ich mir genau überlegt, welche Wörter wir alle gelernt haben. Die habe ich mir auf Karteikarten geschrieben. Dann habe ich den Baum gemalt und die Karten aufgeklebt.
- Ich finde es schön, wenn ich mir die Schaubilder von anderen Kindern ansehen kann. Dann sehe ich sofort, ob ich Wörter vergessen habe. Die kann ich später noch in mein Bild dazuschreiben.
- Ich schreibe demnächst die Wörter auf Karten und lege die zuerst auf die Pappe. Dann kann ich den Platz besser aufteilen.
- Ich musste mir zuerst noch einmal einen Baum draußen und in einem Buch ansehen. Erst dann konnte ich ihn malen.

Methodenplakat erstellen – Methodenplakate präsentieren

Tipp

Die Methode dient später auch zur Erstellung einer Skizze, um sich bei einer Diskussion oder Präsentation an die richtigen Begriffe erinnern zu können.

Stichwortkette

Die Stichwortkette ist ein Schreibgerüst, das der Planung eigener Texte in der Phase der Informationssicherung dient. In Einzelarbeit schreibt das Kind hierzu alle Gedanken zu einem Thema stichwortartig auf große Karteikarten. Anschließend bestimmt es die Reihenfolge der Karten und überprüft sie durch einen „stummen Vortrag". Wenn das Kind mit der Reihenfolge der Gedanken und damit der Karten zufrieden ist, kann es einer Partnerin/einem Partner oder einer Kleingruppe den Vortrag halten, wobei ihm die Stichwörter auf den Karten als Gedankenstütze dienen. Während des Vortrags klären sich noch einmal die Gedanken. Oft wird dann die Reihenfolge der Stichwortkarten verworfen und eine neue festgelegt. Nach nochmaligem Überprüfen der Reihenfolge können die Karten auf den Tisch gelegt und jeweils durch kleine Karteikarten ergänzt werden. Diese intensive Vorbereitungszeit gibt dem Kind Sicherheit im Aufbau seines Textes und erleichtert ihm die anschließende Textproduktion. An Materialien verwendet es unterschiedlich große farbige Karteikarten und farbige Stifte.

Der folgende Trainingsablauf wurde in einer dritten Klasse durchgeführt. Die Kinder haben schon Vorträge mithilfe der Kartentechnik vorbereitet und gehalten, sodass diese Methode hier geübt und genutzt werden kann.

Auftrag

In einer Woche soll ein Buch über die Ferienerlebnisse gebunden werden, zu dem jedes Kind einen Beitrag schreiben soll. Diese Texte müssen gemeinsam vorbereitet und geplant werden, da das Buch in der Schulbibliothek ausgestellt werden soll.

Methode anwenden

Die Kinder nutzen die Kartentechnik, um ihre Gedanken zu sammeln. Anschließend ordnen sie ihre Karten und halten einem Partnerkind einen Vortrag. Haben sie sich für die richtige Reihenfolge entschieden, kleben sie alle Karten auf ein Plakat, um daran eine Zwischenreflexion durchzuführen.

Die Zwischenreflexion wird durch die Frage: „Reichen dir diese Karten, um deine Geschichte zu schreiben?" eingeleitet. Die Kinder äußerten:

● Ich möchte mir zu den einzelnen Gedanken noch weitere Stichwörter aufschreiben.
● Diese Karten reichen mir eigentlich aus. Ich weiß dadurch, was ich schreiben will.

Die Kinder erhalten anschließend den Tipp, weitere Gedanken jeweils auf kleine Karten zu schreiben und neben die entsprechende große Karte zu platzieren.

Anwendungen reflektieren

Angeregt durch die Frage: „Was hilft bei einer Stichwortkette?", äußern sich die Kinder über ihr Vorgehen. Die Lehrerin protokolliert wichtige Details an der Tafel.

● Die großen Karten habe ich links oben auf das Plakat geklebt und die kleinen Karten immer rechts daneben. Jetzt lese ich die Karten immer von links nach rechts und schreibe zu jedem Gedanken einen Satz oder zwei Sätze.
● Ich habe die großen und die kleinen Karten untereinandergeklebt und lese sie von oben nach unten.
● Je mehr kleine Karten man geschrieben hat, umso leichter fällt einem hinterher das Schreiben.
● Die kleinen Karten habe ich vor dem Festkleben einige Male hin- und hergeschoben. Jedes Mal wurde die Geschichte etwas anders. Irgendwann habe ich mich dann entschieden.
● Ich habe mir zwischendurch immer wieder einen stummen Vortrag gehalten und die Karten sortiert. Ich habe sie erst aufgeklebt, als ich mit meinem Vortrag zufrieden war.

Zur Frage „Wie bist du vorgegangen?" äußerten sich die Kinder in der zweiten Reflexionsphase:

● Zuerst hatte ich nicht so viele Gedanken. Erst als ich mir meine ersten Karten sortierte, kamen mir die weiteren Gedanken. Ich weiß jetzt, dass ich Zeit brauche, um meine Geschichte zu schreiben.
● Es war gut, dass ich die Karten und damit die Geschichte so oft verändern konnte. Jetzt erst gefällt mir meine Geschichte.
● Man braucht schon Zeit, um eine Geschichte zu schreiben. Die Karten kann ich mir morgen wieder ansehen und meine Geschichte weiter verändern. Erst wenn mir mein stummer Vortrag gefällt, schreibe ich die Geschichte auf.
● Dass ich die Geschichte meiner Freundin erzählen konnte, hat mir besonders gut gefallen. Durch das laute Erzählen habe ich selber gemerkt, wenn die Geschichte komisch war. Jetzt bin ich damit zufrieden.

- Zuerst hatte ich zu wenige Karten und hinterher zu viele. Meine Geschichte sollte doch gar nicht so lang werden. Also musste ich genau überlegen, was wirklich wichtig ist; dann konnte ich einige Karten herausnehmen.

Methodenplakate erstellen – Methodenplakate präsentieren

Stichwortzettel

Der Stichwortzettel dient als Erinnerungshilfe oder zum Brainstorming. Man schreibt die wichtigsten Wörter untereinander auf und verwendet Pfeile, Symbole und kleine Zeichnungen, um Verknüpfungen darzustellen. Will man anhand eines Stichwortzettels z. B. einen Vortrag halten, so kann man die einzelnen Wörter und vor allem die zeichnerischen Mittel schneller wahrnehmen, als wenn man ganze Sätze lesen müsste.

Die Methode Stichwortzettel wird in Einzelarbeit angewendet und kann unterstützend in jeder Lernphase eingesetzt werden. Zur Durchführung des Trainings benötigen Kinder Karteikarten und unterschiedliche Stifte. Das hier beschriebene Training wurde in einem dritten Schuljahr durchgeführt. Die Kinder hatten bereits Vorerfahrungen mit dem Stichwortzettel als Materialliste. Sie verwendeten im Training auch das überfliegende Lesen, das Markieren und Exzerpieren. Mit diesen Methoden hatten die Kinder vielfältige Erfahrungen. Zur Vorbereitung des Trainings werden zwei Texte kopiert, ein Text über die Pflege eines Pferdes, der andere über Fußballregeln.

Auftrag an das Kind

Die Kinder haben den Auftrag, später einen Vortrag zum Inhalt des Textes anhand eines Stichwortzettels zu halten. Sie dürfen sich für einen Text entscheiden, erhalten ihn jeweils, erstellen dann einen Stichwortzettel und versuchen sich in einem stummen Vortrag. Danach suchen sie sich ein Partnerkind, das den anderen Text als Arbeitsgrundlage hatte, und halten ihren Vortrag. Schon während des Vortrags merken sie, ob der eigene Stichwortzettel eine wirkliche Unterstützung ist.

Methode anwenden

Das Kind legt nach seinem bisherigen Verständnis einen Stichwortzettel als Vortragshilfe an und hält einem Partnerkind seinen Vortrag.

Anwendungen reflektieren

Die Stichwortzettel werden, nach den Textsorten sortiert, aufgehängt und nur von der jeweiligen Gruppe reflektiert.

Dabei werden die Besonderheiten der Methode genannt. Wichtige Details notiert die Lehrerin an der Tafel:

- Die Wörter werden hintereinander in der Reihenfolge aufgeschrieben, wie sie im Text erscheinen.
- Ein Stichwortzettel sollte eine Überschrift haben.
- Der Stichwortzettel wird geteilt; auf der einen Seite stehen alle Pflegeprodukte und auf der anderen Seite alle Nahrungsmittel (erste Strukturierung).
- Auf einem Stichwortzettel wurde alles in der Reihenfolge aufgeschrieben, wie man vorgehen muss, und durch Zahlen gekennzeichnet, z. B.: 1. Decke auflegen, 2. Sattel auflegen, 3. Sattel befestigen usw.
- Der Stichwortzettel kann wie ein kleines Lernplakat aussehen. Man malt kleine Bilder und benutzt Pfeile.
- Die Wörter können auch in einer anderen Reihenfolge erscheinen, als sie im Text stehen. Das entscheidet das Kind, das vorträgt.
- Die Überschrift kann man auch malen, ähnlich wie bei einer Mind-Map (erster kreativer Umgang mit den unterschiedlichen Methoden).
- Die Nummerierung kann durch Pfeile ersetzt werden. Dinge, die zusammengehören, kann man durch Linien verbinden.

Kinderäußerungen in der zweiten Reflexionsphase:

- Man kann einen Stichwortzettel nicht sofort anfangen. Zuerst muss man den Text überfliegen, damit man weiß, worum es geht und was man von dem Thema schon kennt.
- Man kann dann mit Bleistift unterstreichen und daran einen stummen Vortrag halten.
- Wenn der Vortrag funktioniert, kann man das Wichtigste markieren und diese Wörter auf einen Zettel schreiben. So entsteht eine Form eines Stichwortzettels.
- Jetzt überlegt man sich, wie man seinen Stichwortzettel noch ausarbeiten kann oder ob man sogar für den Vortrag einen neuen erstellt.
- Man hält seinem Partner einen Vortrag. Während des Vortrags merkt man selber, ob der Stichwortzettel gut ist oder nicht.
- Praktisch ist, dass man den Stichwortzettel hinterher noch verbessern kann, denn man schreibt ihn nur für sich und nicht für andere.
- Der Stichwortzettel kann nur von dem benutzt werden, der ihn erstellt hat.

Auch aus diesen Äußerungen werden die wichtigsten Details von der Lehrerin an der Tafel protokolliert.

Methodenplakate erstellen – Methodenplakate präsentieren

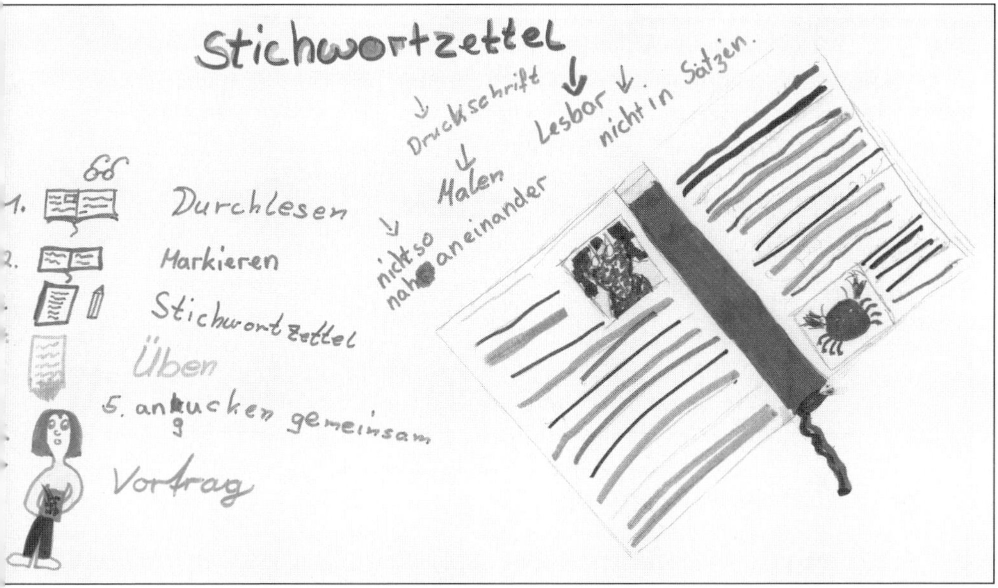

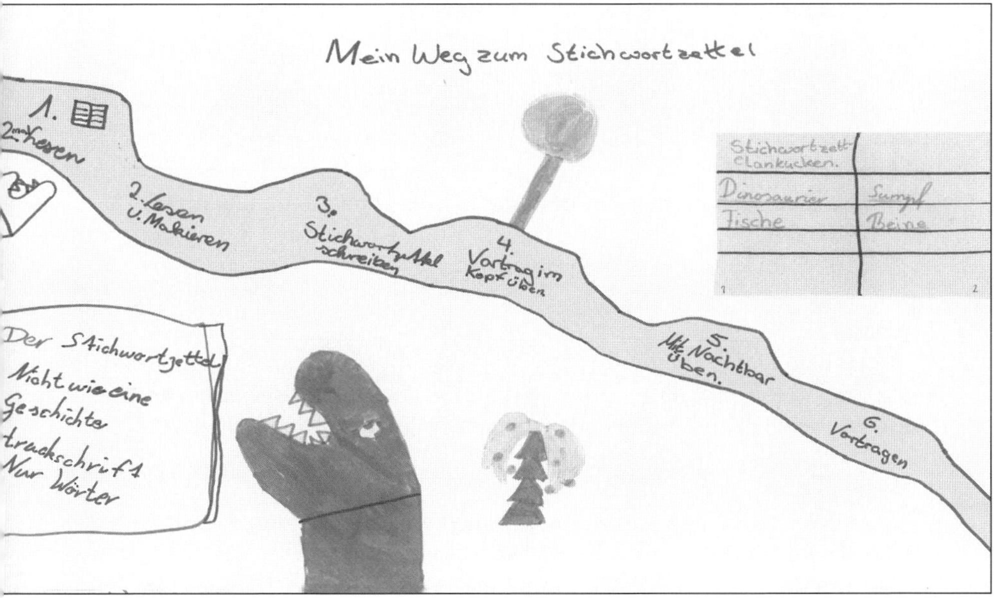

Methodenplakate „Stichwortzettel", 3. Schuljahr

Tipps

In den Klassen 3 und 4 kann der Stichwortzettel als Grundlage für die Textplanung dienen und er kann bei der Benotung berücksichtigt werden.

Der Stichwortzettel kommt weiterhin während einer Filmvorführung
und eines Vortrags der Lehrerin oder von Kindern zum Einsatz. Die Stichwörter schreiben sie meistens unter der Fragestellung auf: „Was überrascht
mich im Film oder Vortrag?"

Tabelle

Eine Tabelle ist eine Aufstellung, Liste oder Übersicht über Größen und Re-
lationen; sie ermöglicht einen schnellen Überblick und den Vergleich von
Daten. Die dargestellten Ergebnisse werden aus vorherigen Handlungen,
z. B. Messungen oder Beobachtungen, gewonnen. In vielen Mathematikbüchern regen unterschiedliche Formen von Tabellen zum Interpretieren
und zur Vervollständigung an.

Das Ziel liegt in der Entdeckung der Methode als hilfreiche Darstellungsform, in der Reflexion unterschiedlicher Ausführungen und in der Erkennt-
nis, in welchen Lernsituationen die Tabelle nutzbringend sein kann. Das
Anlegen einer Tabelle bedarf der Einsicht in grundsätzliche Strukturen, die
nicht von allen Kindern auf Anhieb beherrscht werden. Durch eine häufige
Anwendung und die anschließenden Reflexionsphasen kann sich jedes
Kind diesen Strukturen langsam nähern.

Die Tabelle wird in der Kleingruppe erstellt und in den Phasen der Be-
schaffung und der Verarbeitung von Informationen eingesetzt. Folgende
Materialien sollten zur Verfügung stehen: Legosteine in unterschiedlichen
Größen und Farben, Blanko- und Karopapier, Lineale und farbige Stifte.

Der Ablauf des Trainings wurde am Ende eines ersten Schuljahres zum
Thema „Kakaobestellung" durchgeführt.

Auftrag

Der Hausmeister gibt den Auftrag, die Kakaobestellung zu organisieren. Er
erklärt, dass er auf einen Blick sehen möchte, wie viele Kinder der Klasse
Kakao, Milch, Vanillemilch oder Erdbeermilch bestellen wollen.

Methode anwenden

Es werden Vorschläge gesammelt, wie die Bestellung der Getränke orga-
nisiert werden kann. Die Kinder entscheiden sich sehr schnell für eine
Liste mit den Namen der Kinder und den gewählten Getränken. Jeweils eine Gruppe von sechs Kindern erstellt eine Bestellliste. In einer Zwischen-

reflexionsphase werden die ersten Listen gegenübergestellt. Bei dieser Reflexion wird sehr schnell deutlich, dass der Hausmeister durch die bisherigen Listen keinen schnellen Überblick erhalten kann. Weiterhin reflektieren die Kinder die unterschiedlichen Möglichkeiten der Darstellung.

- Wir haben links alle Namen aufgeschrieben und dahinter, was das Kind bestellt hat. Aber Herr M. müsste jetzt alles zählen. Wir müssen also die Liste noch einmal ändern.
- Wir haben die Bestellungen links hingeschrieben und die Namen rechts daneben. Auch hieraus kann Herr M. nicht sofort sehen, wie viele Getränke er bestellen muss.
- Wir haben einen Strich zwischen die Liste mit den Namen gemacht, damit man die Bestellungen besser von den Namen unterscheiden kann.

Anwendungen reflektieren

Der Hausmeister wird gebeten, sich die bisherigen Ergebnisse anzusehen. Er äußert noch einmal seinen Wunsch, einen genauen und vor allem schnellen Überblick zu gewinnen. „Schreibt mir genau auf, wie viele Kinder Kakao und wie viele Kinder Milch bestellen wollen. Ich muss nur die Anzahl wissen." Dieser Auftrag wird von den Kindern erneut diskutiert, und es werden erste Vorschläge zur Veränderung gemacht.

Danach überarbeiten alle Kleingruppen erneut ihre Aufstellungen.

Die aus dieser Arbeitsphase gewonnenen „Tabellen" werden wiederum gegenübergestellt. Viele Kinder benennen jetzt die Methode mit dem Begriff „Tabelle" und reflektieren alle Varianten. Unter der Leitfrage „Wann kann man eine Tabelle besonders gut lesen?" werden die wichtigsten Aspekte genannt und von der Lehrerin an der Tafel protokolliert:

- Man muss sehr sauber und ordentlich schreiben.
- Tabellen bestehen aus Zahlen und Wörtern.
- Linien helfen, damit man die Namen und Zahlen besser zuordnen kann.
- Man muss genau wissen, welche Angaben z. B. der Hausmeister braucht.

Kinderäußerungen in der zweiten Reflexionsphase:

- Zuerst haben wir eine Liste geschrieben, mit allen Namen. Diese Liste brauchen wir später, um den Kakao auszuteilen. Danach haben wir erst die Tabelle gemalt.
- Links stehen jetzt die Getränke. Rechts haben wir durch Striche die Anzahl der Getränke aufgezeichnet.

Methodenplakate erstellen – Methodenplakate reflektieren

Tipps

Nach der ersten Erfahrung mit der Erstellung einer Tabelle sollten die Kinder immer wieder Möglichkeiten haben, diese Methode sinnvoll einzusetzen. Beispiele für das Anwenden dieser Methode:

- Kaninchen in unserem Schulzoo züchten –
  Wie viele Junge bekommen die Kaninchen? Können wir dann in einem Jahr noch alle unterbringen?
- Stundenpläne schreiben –
  Im ersten Schuljahr werden Symbole benutzt.
- Verkehrszählung vor dem Schulgelände –
  Wie viele Kinder werden mit dem Wagen zur Schule gebracht?
- Untersuchungen beim Experimentieren –
  Wie lange brennen unterschiedliche Kerzen?
- Pflanzen werden unterschiedlich gepflegt –
  Wachsen gedüngte Blumen wirklich schneller?
- Kinder wachsen besonders schnell in den Ferien –
  Wachsen Kinder in den großen Ferien besonders schnell?
- Tische und Stühle müssen im neuen Schuljahr nach Größen sortiert werden – **Welche Tische brauchen wir nach den Sommerferien?**

3.3 Arbeit mit dem Computer

Der Computer wird hauptsächlich zur Textverarbeitung, zur Gewinnung von Informationen und zur elektronischen Kommunikation benutzt. Die Vorerfahrungen der Kinder liegen vor allem in der Anwendung von Spielen, Lern- und Schreibprogrammen. Im Allgemeinen gehen sie unbelastet und unkompliziert mit dem Computer und den Programmen um. Sie wenden schnell Einstellungen sowie Formatierungen an. Das Ziel des Trainings ist das Kennenlernen weiterer Formatierungen und deren Anwendung.

Zur Durchführung einer Trainingseinheit werden mehrere Computer, Drucker, Plakate, große Karten und dicke Stifte benötigt. Die einzelnen Phasen des Trainings werden in Einzel- und Partnerarbeit durchgeführt, die Reflexionsphasen finden in Kleingruppen oder mit allen Kindern einer Klasse statt. Der Ablauf eines Trainings wird am Beispiel von „Word" erläutert, weitere Trainings (Internetrecherche, Mailen, Arbeit mit Excel usw.) können in den hier beschriebenen Phasen ablaufen.

Das kreative Abschreiben und die Gestaltung z. B. von Gedichten sollte den Kindern vor dem Ablauf des Trainings bekannt sein. Als Textvorlage diente in einer dritten Klasse das Gedicht „Das Gewitter" von JOSEF GUGGENMOOS.

Das Gewitter
Hinter dem Schlossberg kroch es herauf:
Wolken – Wolken!
Wie graue Mäuse,
Ein ganzes Gewusel
usw.

Beispiel für eine Möglichkeit der kreativen Gestaltung:

Das Gewitter

Hinter dem ⸻ -berg kroch es herauf

Wie graue ,

Ein ganzes Gewusel …

Auftrag

Das Kind soll das Gedicht in „Word" abschreiben und selber entscheiden, welche Wörter es durch Bilder oder Symbole ersetzen oder durch Formatierungen hervorheben möchte. Es bleibt jedem Kind freigestellt, wie viele Wörter es ersetzt und welche Formatierungen (fett, kursiv, unterstrichen, größer, kleiner, farbig usw.) es benutzt.

Methode anwenden

Das Kind schreibt das Gedicht ab, es benutzt dazu „Word". Es ersetzt einzelne Wörter durch Grafiken, Symbole oder hebt sie durch Formatierungen hervor; anschließend schreibt es jeweils eine Anweisung für die Formatierung auf eine Karte. Zur späteren Reflexion werden das Gedicht und die jeweiligen Karten auf eine große Pappe geklebt.

Anwendungen reflektieren

Alle Ergebnisse werden ausgestellt, um zu zeigen, wie unterschiedlich die Formatierungen sein können. Jedes Kind kann sich für neue Formatierungen entscheiden und diese, mithilfe der entsprechenden Anweisungen, ausprobieren. In der anschließenden Phase sollen die Kinder ihr Vorgehen reflektieren.

Kinderäußerungen in der zweiten Reflexionsphase:

- Ich habe zuerst einige Wörter geschrieben und viele Änderungen ausprobiert.
- Zuerst habe ich mir alle Bilder und Grafiken angeschaut, damit ich einen Überblick hatte, was es alles gibt.
- Ich habe mir zuerst das Gedicht durchgelesen, damit ich wusste, worum es geht. Dann habe ich mich für die Wörter entschieden, die ich verändern wollte.
- Nachdem ich das ganze Gedicht geschrieben hatte, habe ich mich für die Wörter entschieden, die ich verändern wollte.

Wichtige Aspekte aus den Kinderäußerungen wurden von der Lehrerin an der Tafel wie folgt protokolliert:

- Formatierungen ausprobieren
- zuerst alle Grafiken anschauen
- das Gedicht lesen, dann Wörter markieren
- zuerst abschreiben, dann für Wörter entscheiden

Methodenplakat erstellen – Methodenplakate präsentieren

Tipp
In einigen Klassen wurden alle Formatierungsanweisungen in einem Ordner gesammelt.

3.4   Methoden zur Entwicklung der Lesekompetenz

In der Grundschulzeit wird die Basis für die Lesekompetenz des Kindes gelegt. Wir können in diesem Buch nur kurz auf Methoden zur Vorbereitung auf das Lesen und zur Arbeit mit Texten eingehen.

Lesen findet mit unterschiedlichen Zielen statt. Wenn aus Texten Informationen entnommen werden sollen, muss eine gedankliche Vorbereitung geschehen. Dazu dienen die Methoden des Assoziierens und Antizipierens. Beide Methoden bilden eine entscheidende Grundlage für eine tiefere Auseinandersetzung mit neuen Informationen und für eine längere Speicherung.

Als Lesestrategien bezeichnen wir Methoden, die zu einem besseren Verständnis von Texten führen können. Hierzu gehören folgende individuelle Methoden: Bebildern, Markieren, überfliegendes Lesen und systematisches Lesen. Alle Methoden sollten zuerst einzeln trainiert und nach einer ausreichenden Anwendung in einem von der Lehrerin vorgegebenen Handlungsablauf an einem Text erprobt werden. Durch die gemeinsame Reflexion der einzelnen Phasen wird der Aufbau einer Handlungsfolge dem Kind bewusst, und mit der Zeit traut es sich zu, einen eigenen Handlungsablauf zu planen und zu gestalten.

Assoziieren

Neue Informationen werden durch die Aktivierung von Erinnerungen länger im Langzeitgedächtnis verankert. Im Prozess des Trainingsablaufs erhält das Kind deshalb die Möglichkeit, zu einem Inhalt zu assoziieren und die Methode als sinnvoll für seinen Lernprozess zu erleben. Es erfährt auch, dass ihm immer wiederkehrende Kommunikationssituationen für das Durchdringen eines Themas nützlich sein können.

Um die Arbeit mit einem Text vorzubereiten, sollte das Kind zu einem ausgewählten Wort oder Bild assoziieren. Hierzu benötigt es unterschiedliche Stifte und Karten. Im folgenden Beispiel beschäftigt sich ein erstes Schuljahr mit dem Bilderbuch „Drei Äpfel".

Auftrag
Jedes Kind soll zu einem Wort assoziieren und die Gedanken auf eine Karte malen oder aufschreiben.

Methode anwenden

Das Kind erhält den Auftrag, alle Gedanken und Ideen, die ihm zum Wort „Apfel" einfallen, auf eine Karte zu malen oder zu schreiben. Anschließend werden die Karten strukturiert und an die Tafel geheftet.

Anwendungen reflektieren

Die Kinder nehmen die Unterschiedlichkeit der Gedanken und Ideen wahr, lernen diese wertzuschätzen und zu tolerieren. Es handelt sich meistens um Erfahrungen der Kinder und um früher erworbenes Fachwissen. Anschließend erfolgt eine Reflexion; die Äußerungen protokolliert die Lehrerin an der Tafel.

- Keiner denkt genau das Gleiche.
- Jeder hat schon einmal einen Apfel gegessen.
- Und jeder hat schon einmal etwas mit einem Apfel erlebt.
- Es gibt viele Rezepte.
- Einen Apfel kann man schälen.
- Der Apfel hat eine Schale und ein Kerngehäuse.
- Es gibt grüne und rote Äpfel.

Im Anschluss an diese Phase wird die Bildergeschichte „Drei Äpfel" vorgestellt.

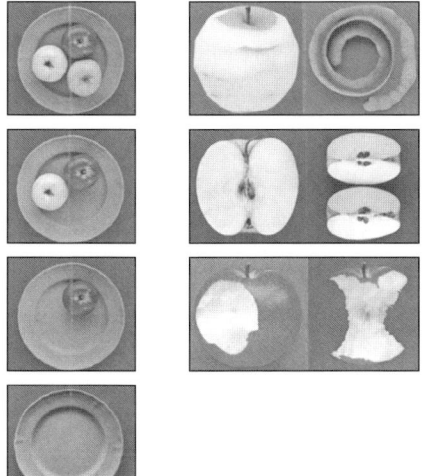

Abbildungen aus: Gabriele Lorenzer: Die drei Äpfel   © *Gabriele Lorenzer*

Kinderäußerungen in der zweiten Reflexionsphase:

- Ich war gespannt, was mit den Äpfeln passiert ist.
- Ich habe mir Gedanken gemacht, was man mit einem Apfel so alles machen kann.
- Ich habe mich immer gefreut, wenn eine meiner Ideen auch in dem Buch vorkam.
- An manches habe ich gar nicht gedacht. Es war gut, die anderen Karten noch zu lesen.

Methodenplakate erstellen – Methodenplakate präsentieren

Ein Methodenplakat beim Training des Assoziierens in den Klassen 1 und 2 zu erstellen, ist nicht unbedingt notwendig. In den Klassen 3 oder 4 kann ein Methodenplakat erstellt werden, wenn vorher die Funktion des Gehirns zum Thema des Unterrichts wurde.

Tipp

Kinder mit einer anderen Muttersprache können ihre Gedanken ohne weiteres auch in ihrer Sprache aufschreiben und dann vorstellen.

Antizipieren

Antizipieren ist das gedankliche Vorwegnehmen eines möglichen Inhalts. Es steht immer unter folgender Fragestellung:

„Was steht deiner Meinung nach in diesem Text?"
oder
„Wie geht wohl die Geschichte weiter?"
oder
„Wovon wird wohl der Text handeln?"

Zum Antizipieren können der Titel eines Buches, die Überschrift eines Textes und einzelne Sätze oder Bilder aus einem Buch benutzt werden. Die Methode wird in Einzelarbeit begonnen und danach in einem Partner- oder Kleingruppengespräch weitergeführt. Hierdurch nimmt das Kind unterschiedliche Vorstellungen und Ideen wahr und erfährt die Erweiterung seiner Gedanken. Zur Durchführung werden unterschiedliche Stifte und Karten benötigt.

Das Vorgehen wird wiederum am Beispiel „Drei Äpfel" beschrieben.

Auftrag

Die Kinder schauen sich eine ausgewählte Anzahl von Bildern an. Sie bekommen den Auftrag zu überlegen, was wohl jeweils geschehen ist. Sie können ihre Ideen aufschreiben oder aufmalen.

Methode anwenden

Folgende Abbildungen hängen an der Tafel:

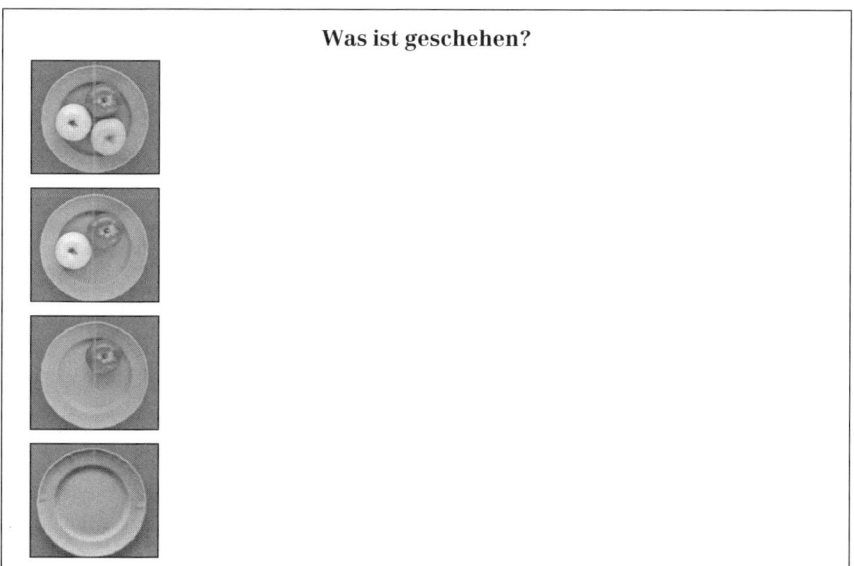

Was ist geschehen?

Abbildungen aus: Gabriele Lorenzer: Die drei Äpfel   © *Gabriele Lorenzer*

Anwendungen reflektieren

Nachdem alle Kinder ihre Vorstellungen aufgeschrieben oder gemalt haben, dürfen einige ihre Geschichte erzählen und die entsprechenden Bilder neben die Ausgangsbilder hängen. Die ganze Gruppe lernt die unterschiedlichen Vorschläge kennen, was die Motivation erhöht, sich mit der Geschichte zu beschäftigen.

Kinderäußerungen in der Reflexionsphase:

- Jeder hat eine andere Erklärung, warum ein Apfel fehlt.
- Mir gefallen viele Geschichten von den Kindern besser als die im Bilderbuch.
- Jetzt bin ich gespannt, wie die Geschichte im Buch weitergeht.

Tipp

Das Antizipieren sollte immer wieder vor und während einer Lesesituation durchgeführt werden. Hierzu wird das Vorlesen nach kurzen Sinnabschnitten unterbrochen oder es wird nur die nächste Überschrift vorgelesen. Das Kind erlebt die Methode als wichtiges Handlungselement in einem Leseprozess, um sich intensiv mit der Geschichte auseinanderzusetzen.

Überfliegendes Lesen

Das überfliegende Lesen ist eine Methode, die vor dem eigentlichen Leseprozess eingesetzt wird. Während des überfliegenden Lesens gleiten die Augen über den Text. Einzelne Wörter werden aufgenommen, individuelle Bilder entstehen im Kopf. Das Kind wird zu einem phantasievollen Denken – bezogen auf den Text – angeregt. Es werden Assoziationen zu einer Vielzahl von Wörtern gebildet und damit Empfindungen oder Erinnerungen geweckt – eine Voraussetzung, um späteres Aufnehmen und Speichern von neuen Informationen aus dem Text zu unterstützen. Die Arbeit beginnt in Einzelarbeit. Der Austausch über die Gedanken findet anschließend in der Kleingruppe statt. Zur Durchführung des Trainings werden unterschiedliche Stifte, Karten und große Plakate verwendet.

Auftrag

Das Kind soll mit seinen Augen über den Text „fliegen" und über die Wörter, die es während dieser Phase gelesen hat, nachdenken. Es wird ausdrücklich darauf hingewiesen, dass alle Gedanken wichtig und richtig sind. Anschließend sollen die Gedanken und Erinnerungen auf Karten geschrieben oder gemalt werden. Danach kann sich das Kind mit anderen austauschen und dann den Text lesen.

Methode anwenden

Das Kind erhält die Kopie eines Textes. Es überfliegt den Text, dreht die Kopie um und malt oder schreibt jeden Gedanken als Stichwort auf eine Karte. Anschließend kann das Kind den Text lesen.

Anwendungen reflektieren

Alle Karten werden anschließend aufgehängt, damit die Vielzahl und Unterschiedlichkeit der Gedanken wahrgenommen werden können. Die anschließende Reflexion erfolgt unter der Frage „Hat dir diese Methode geholfen, den Text besser zu verstehen?". Die Lehrerin schreibt Details als Protokoll an die Tafel. Kinderäußerungen in dieser Reflexionsphase:

- Erst nach einiger Zeit kamen mir viele Gedanken zu den Wörtern.
- Manche Wörter, die ich beim Überfliegen des Textes gelesen habe, waren für mich neu, andere kannte ich schon.
- Ich habe mir überlegt, was wohl alles noch im Text stehen wird. Ich war richtig neugierig darauf.
- Durch die vielen Gedanken, die ich mir gemacht habe, konnte ich den Text danach besser verstehen.
- Ich habe mir Gedanken über drei Wörter gemacht. Dann habe ich mir auch überlegt, was denn jetzt wohl im Text vorkommt. Aber als ich den Text gelesen habe, kam nichts von dem vor, was ich mir überlegt hatte.
- Jetzt weiß ich, dass ich mir zuerst einmal allein Gedanken machen und mich dann mit den anderen unterhalten muss. Danach kann ich den Text besser verstehen. So funktioniert das Gehirn eben besser.

Methodenplakat erstellen – Methodenplakate präsentieren

Systematisches Lesen

Das systematische Lesen ist eine komplexe Methode. Sie ist eine Handlungsabfolge, bestehend aus unterschiedlichen individuellen Methoden in kommunikativen und kooperativen Lern- und Verarbeitungsphasen. Durch diese Methode können Informationen aus Texten langfristiger behalten und mit eigenen Gedanken verknüpft werden.

Eine mögliche Handlungsabfolge für das systematische Lesen kann wie folgt aussehen:

- zur Überschrift assoziieren und alle Gedanken auf Karten oder einen Stichwortzettel schreiben **(Kartentechnik, Stichwortzettel)**
- sich in Kleingruppen austauschen
- den Text überfliegen und wiederum alle Gedanken auf Karten oder einem Stichwortzettel aufschreiben **(Kartentechnik, Stichwortzettel)**
- Austausch in der Kleingruppe
- den möglichen Inhalt des Textes antizipieren und sich in der Kleingruppe darüber informieren
- den Text lesen und vormarkieren **(Markieren)**
- Vormarkierungen lesen und markieren
- Fragen zum Text an den Rand notieren
- Fragen in einem Kleingruppengespräch oder mit der Lehrerin klären
- Text in Sinnabschnitte gliedern und jedem Sinnabschnitt eine Frage, Überschrift oder ein Bild zuordnen **(Bebildern)**

● Stichwörter notieren und einem Partner einen Kurzvortrag halten – von der Einzelarbeit zur Partnerarbeit

Durch diese Abfolge beschäftigt sich das Kind längere Zeit mit den Aussagen des Textes. Einzelne Phasen sind nur in Einzelarbeit durchzuführen, sollten aber immer durch Partner- oder Gruppengespräche ergänzt werden.

Das systematische Lesen erfordert einen hohen Zeitaufwand, Konzentration und eine gut entwickelte Arbeitshaltung. Aus diesem Grund arbeiten die Kinder nach und nach und zunächst nur mit den „Teil"-methoden in den einzelnen Unterrichtsphasen. Wenn sie alle Methoden wie Kartentechnik, Stichwortzettel, Markieren und Bebildern im Laufe der vier Schuljahre trainiert haben, beherrschen sie diese komplexe Methode in ihrer Handlungsabfolge. Erst wenn jede einzelne Phase als hilfreich eingeschätzt wird und längere Zeit geübt ist, ist sichergestellt, dass das Kind sie selbstständig anwendet und planvoll einsetzt. Die Methoden der ersten drei Phasen wurden in dieser Handlungsabfolge schon im ersten Schuljahr geübt.

Zur Durchführung des Trainings werden unterschiedliche Stifte, Karten und zur Erstellung der Methodenplakate große Plakate benötigt. Nach mehrmaligem Durchlaufen sollten die Kinder ein Methodenplakat erstellen, damit sie sich der unterschiedlichen Phasen bewusst werden.

Kinderäußerungen in verschiedenen Reflexionsphasen:

● Es ist hilfreich, wenn man zuerst die Überschrift liest und sich Gedanken macht, was einem zu dieser Überschrift einfällt.
● Wenn man sich vorher Gedanken macht, ist man gespannt, was wirklich passiert.
● Während des Überfliegens liest man auch unbekannte Wörter. Das kann Angst machen. Darum ist es gut, wenn man sich immer wieder mit anderen unterhalten kann.
● Jeder kann die einzelnen Textabschnitte nummerieren, wie er will.
● Wenn ich kleine Zeichnungen an den Rand male, verstehe ich den Inhalt beim zweiten Lesen besser.
● Ich brauche viel Zeit und Gespräche, um einen Text zu verstehen.
● Je mehr Gedanken ich habe, umso besser verstehe ich den Text.
● Wenn ich die Gedanken der anderen sehe, habe ich manchmal das Gefühl, ich bin nicht so gut. Dann muss ich mir immer wieder selber neuen Mut machen oder mir bei dir (der Lehrerin) Mut holen.
● Nach der längeren Vorbereitung habe ich das Gefühl, ich kenne den Text schon sehr lange.
● Mir erscheint der Text danach nicht mehr so lang.

3.5 Komplexe Methoden

Komplexe Methoden sind geplante Handlungsabläufe für unterschiedliche Lernsituationen, die aus einer Kombination individueller, kommunikativer und kooperativer Methoden bestehen. Diese Handlungsabläufe werden am Anfang von der Lehrerin vorgegeben und später gemeinsam mit den Kindern geplant. Nach vielen Durchführungen und entsprechenden Reflexionen wird das Kind in die Lage versetzt, Handlungsabläufe mit den individuell bevorzugten Methoden und Sozialformen selbstständig zu planen. Vor der Durchführung einer Handlungsabfolge

- sollten alle individuellen Methoden trainiert und mehrfach im Unterricht eingesetzt worden sein,
- sollte der Handlungsablauf der komplexen Methode den Kindern jeweils vor der Durchführung bekannt gegeben und
- notwendiges Material zur Verfügung gestellt werden.

Während eines Ablaufs werden immer wieder die eingesetzten individuellen Methoden und Sozialformen auf ihre Effektivität hin für jedes Kind reflektiert und in einem Lerntagebuch festgehalten. Im folgenden Text werden mögliche Handlungsabläufe unterschiedlicher komplexer Methoden beschrieben.

Auswendiglernen

Zum Auswendiglernen braucht man Methoden und Zeit. Alle individuellen Methoden, die zu einer intensiven Auseinandersetzung mit dem Inhalt führen, eignen sich besonders zur Vorbereitung des Auswendiglernens, da sichergestellt ist, dass der Inhalt verstanden wurde. Das Üben sollte danach pro Tag in Intervallen von sechs mal zehn Minuten erfolgen, dadurch erhöht sich die Behaltensrate.

Im Unterricht haben sich folgende Phasen bewährt:

- das Gedicht, die Strophen des Liedes oder die Vokabeln abschreiben
- einem Partner oder in der Kleingruppe einen Vortrag über den Inhalt halten bzw. die Wörter in ihren Bedeutungen erklären
- individuelle Methode: Bebildern (oder ein Lernplakat herstellen)
- das Gedicht, Lied oder die Wörter immer wieder lesen und – unterstützt durch die Bilder oder das Lernplakat – lernen
- mit einem Partner immer wieder den Lernerfolg überprüfen

Ein Rechenweg (von vielen)

Die Kinder der Grundschule sollen folgende mathematische Fähigkeiten erwerben:

- kreativ sein
- mathematisieren
- begründen
- darstellen
- kooperieren

Zu diesem Thema erörtern SPIEGEL und SELTER (2003, S. 30):

> „Es geht nicht hauptsächlich darum, Lösungswege vorzuführen und an Hand von Anwendungsbeispielen einzuüben. Die Hauptaufgabe besteht statt dessen darin, aktives Lernen zu ermöglichen. Beim Konzept des aktiven Lernens gilt Lernen als Knüpfen eines Wissensnetzes."

Hierzu können dem Kind systematische Handlungsabläufe hilfreich sein. Im Folgenden werden beispielhaft zwei Handlungsabläufe dargestellt. Die Aufgabenstellungen erscheinen isoliert, dienen hier jedoch nur zur Erläuterung der Struktur.

1. Aufgabenbeispiel

Wie hoch ist Tante Emmas Verlust?

Susis Tante besitzt einen Kiosk. Ihr Einkommen ist nicht gerade hoch, aber die Siebzigjährige braucht ja nicht viel zum Leben. Eines Tages kommt sie nach Hause und erzählt Susi: „Stell' dir vor, welch' großen Verlust ich heute hatte. Da kam schon frühmorgens ein eleganter Herr in einem Straßenkreuzer vorgefahren und kaufte eine CD im Wert von 25 Euro. Auf den 200-Euro-Schein, mit dem er bezahlte, konnte ich nicht herausgeben. Also lief ich schnell zur Nachbarin und wechselte ihn." – „Und der Schein war gefälscht!", rief Susi. „Ich habe dir doch vorgestern aus der Zeitung vorgelesen, dass Falschgeld im Umlauf ist!" – „Ja, leider", sagte Tante Emma. „Die Nachbarin kam später und ich musste ihr einen richtigen 200-Euro-Schein geben." – „Da hast du also 225 Euro verloren. Die 25 Euro für die CD und die 200 Euro für den falschen Schein." – „Nein, viel mehr", erwiderte Tante Emma. „200 Euro für den falschen Schein und 175 Euro für das Wechselgeld, das ich dem Mann herausgegeben habe." Susi dachte nach: „Das ist zwar schlimm, aber du kannst nur das Wechselgeld verloren haben, also 175 Euro."

Wie hoch ist Tante Emmas Verlust nun wirklich?

Vorwissen aktivieren
● die Aufgabe lesen, das Problem erfassen; sich an entsprechende Erfahrungen und an Sachsituationen erinnern

Informationen gewinnen
● sich in der Kleingruppe gegenseitig das Verständnis der Aufgabe erklären
● gemeinsam in der Gruppe Lösungsvorschläge sammeln
● im Rollenspiel die beschriebene Situation nachspielen
(Das Rollenspiel bietet eine Möglichkeit, die in der Aufgabe beschriebene Situation zu erleben.)
● ein Schaubild über die Situation herstellen

Informationen verarbeiten
● in Einzel- oder Gruppenarbeit die Aufgabe ausrechnen
● sich in der Kleingruppe die unterschiedlichen Lösungen und Rechenwege erklären
● alle Rechenwege auf einem Lernplakat darstellen
● sich in der Kleingruppe für den vorteilhaftesten Rechenweg entscheiden und diesen auf dem Lernplakat durch ein Symbol kennzeichnen
● Einzel- oder Gruppenpräsentation der Ergebnisse und Begründung der Entscheidung für den „vorteilhaften Rechenweg"

Informationen sichern
● Eintrag aller Einzelergebnisse in das Rechenheft. Zur Unterstützung dienen alle Präsentationen.

2. Aufgabenbeispiel
Eine geometrische Figur (offene Aufgabenstellung)

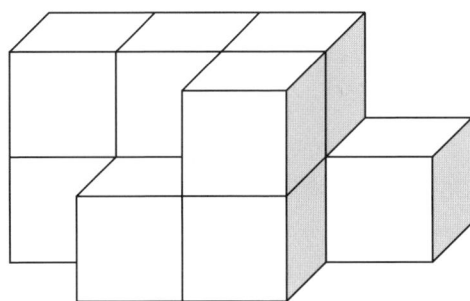

Jeder Gruppe liegt ein Arbeitsblatt vor.

Vorwissen aktivieren
- sich die geometrische Figur ansehen

Informationen gewinnen
- in der Kleingruppe Ideen zur Berechnung, Zeichnung oder Darstellung sammeln
- sich anschließend in der Kleingruppe für eine Aufgaben- oder Fragestellung entscheiden
- die gewählte Aufgaben- oder Fragestellung auf eine Karte notieren und der gesamten Klasse vorstellen
- die Vielzahl der Aufgaben- und Fragestellungen durch die Präsentation aller Karten wahrnehmen

Informationen verarbeiten
- sich in der Kleingruppe über die Form der Präsentation, z. B. Lernplakat oder Herstellung einer Figur einigen
- Entscheidungen über die Arbeitsteilung in der Kleingruppe treffen
- den Arbeitsauftrag durchführen
- die Arbeitsergebnisse vor der Klasse einzeln oder in der Gruppe präsentieren

Informationen sichern
- Eintrag aller Einzelergebnisse in das Rechenheft. Die Präsentationen dienen als Erinnerungshilfe.

Schreiben planen

Vorwissen aktivieren
- zum Thema assoziieren
- Mind-Map (alternativ: Stichwortzettel oder Kartentechnik) anwenden
- im Partnergespräch Gedanken austauschen

Informationen gewinnen
- bei der Verwendung der Kartentechnik die Gedanken der Klasse vorstellen

Informationen verarbeiten
- Ergänzung der Mind-Map (alternativ: des Stichwortzettels oder der Karten)

Text planen und verfassen

Informationen verarbeiten

- Kartentechnik anwenden, die Karten für einen Vortrag ordnen
- einem Partner einen Vortrag halten, die Karten dienen der Unterstützung
- Kartentechnik, die Karten eventuell neu ordnen
- einem Partner einen Vortrag halten, die Karten dienen der Unterstützung
- die Karten auf den Tisch legen und eine Stichwortkette als Schreibgerüst bilden

Informationen sichern

- anhand der Stichwörter den Text verfassen

Die weitere Überarbeitung der entstandenen Texte kann in Schreibkonferenzen erfolgen.

Informationen aus Texten entnehmen

Vorwissen aktivieren

- zum Thema oder zur Überschrift assoziieren
- Stichwortzettel anlegen
- im Partnergespräch die Gedanken austauschen
- Mind-Map erstellen (oder Kartentechnik benutzen)

Informationen gewinnen

- Lesemethode: Überfliegendes Lesen anwenden
- Text lesen
- Markieren
- Mind-Map-Ergänzung
- Lesemethode: Systematisches Lesen anwenden
- sich in der Kleingruppe über das Verständnis des Inhalts austauschen
- eventuell Mind-Map-Ergänzung
- Bebildern: Hierdurch kann das Kind überprüfen, ob alle wichtigen Aspekte in der Mind-Map enthalten sind.

Informationen verarbeiten

- sich in der Kleingruppe für die Inhalte, die Form der Präsentation (Lernplakat, Mind-Map oder PowerPoint-Präsentation) und die Aufgabenverteilung entscheiden

- seine Aufgabe erledigen
- den Vortrag für die Präsentation in der Kleingruppe üben
- Einzel- oder Gruppenvortrag vor der Klasse
- Alle Kinder entscheiden über die wichtigsten Details zum Thema.

Informationen sichern
- Jedes Kind schreibt die für alle wichtigen Details in sein Heft. Es ergänzt sie um Aspekte, die ihm darüber hinaus inhaltlich bedeutsam erscheinen.

Informationen aus Vorträgen entnehmen

Der Vortrag kann von einem Kind, der Lehrerin oder einem Experten gehalten werden.

Vor dem Vortrag – Vorwissen aktivieren
- zum Thema assoziieren
- Stichwortzettel anlegen
- im Doppelkreis, Kleingruppengespräch die Gedanken austauschen
- Mind-Map erstellen (oder Kartentechnik benutzen)

Während des Vortrags – Informationen verarbeiten
- Vortrag hören und Stichwortzettel unter der Fragestellung „Was überrascht mich?" anlegen

Nach dem Vortrag
– Informationen austauschen
- sich in der Kleingruppe über Details aus dem Vortrag austauschen
- Mind-Map-Ergänzung

– Informationen verarbeiten
- sich in der Kleingruppe über die wichtigsten Inhalte, die Form der Präsentation (Lernplakat, große Mind-Map oder PowerPoint-Präsentation) und die Aufgabenteilung einigen
- Jedes Kind führt seine Arbeit aus.
- die Präsentation in der Kleingruppe vorbereiten und üben
- Einzel- oder Gruppenpräsentation vor der Klasse
- Alle Kinder der Klasse entscheiden zusammen über die wichtigsten Details aus dem Vortrag, die jeder behalten sollte.

– Informationen sichern

● Anhand der Präsentationen notieren sich die Kinder die abgesprochenen Details im Heft und ergänzen diese durch weitere Aspekte, die für sie von Bedeutung sind.

Informationen aus einem Film entnehmen

Damit die Kinder wichtige Informationen aus einem Film entnehmen und verarbeiten können, werden hierzu unterschiedliche Verarbeitungsphasen angeboten.

Vor dem Film – Vorwissen aktivieren

● zum Thema assoziieren
● Mind-Map anlegen
● im Doppelkreis oder im Kleingruppengespräch die Gedanken austauschen
● Mind-Map-Ergänzung

Während des Films – Informationen gewinnen

● Film ansehen und einen Stichwortzettel unter der Frage „Was überrascht mich im Film?" anlegen
● sich in der Kleingruppe über gewonnene Informationen austauschen
● Mind-Map-Ergänzung

Eventuell weitere Informationen gewinnen

● sich in der Kleingruppe über einen inhaltlichen Aspekt zum Thema einigen und zur vertiefenden Arbeit weitere Informationsquellen dazu suchen (Bücher, Internet und/oder ein Interview mit einem Experten)
● neue Informationen unter Verwendung der Methoden Markieren, Exzerpieren und/oder Interview gewinnen; Informationen auf einem Stichwortzettel sichern
● sich in den Kleingruppen über neue Informationen zum Thema austauschen
● Mind-Map-Ergänzung
● in der Kleingruppe entscheiden, zu welchem Detail eine Präsentation erstellt werden soll, sich über die Form der Präsentation (Lernplakat, große Mind-Map oder PowerPoint-Präsentation) und die Aufgabenteilung einigen
● seine Arbeit ausführen
● die Präsentation vorbereiten und den Vortrag in der Kleingruppe üben

- Einzel- oder Gruppenpräsentation vor der Klasse
- entscheiden, welche Details von allen notiert werden sollen

Informationen sichern

- Anhand der Präsentationen notieren die Kinder die abgesprochenen Details im Heft und ergänzen diese durch weitere Aspekte, die ihnen noch wichtig erscheinen.

Lernen planen

Damit das Kind sein Lernen bewusst und verantwortlich planen kann, sollte es über Rahmenbedingungen reflektieren.

Vorwissen aktivieren

Mögliche Leitfragen:

- Zu welcher Tageszeit kann ich am besten lernen?
- Kann ich mich durch Bewegung erholen?
- Kann ich mich durch Ruhe erholen?
- Was sollte ich essen, damit es mir gut geht?
- Wer ist ein guter Lernpartner für mich?
- Wie muss meine Lernumgebung in der Schule sein, damit ich gut lernen kann?
- Wie muss meine Lernumgebung zu Hause sein, damit ich gut lernen kann?
- Was kann ich tun, wenn ich eine Gedankensperre habe?
- Was sollte ich zuerst lernen, für das Fach, das ich nicht so gerne mag, oder für das, das ich gerne mag?

An der Fragestellung „Zu welcher Tageszeit kann ich am besten lernen?" soll ein möglicher Handlungsablauf aufgezeigt werden, nach dem auch alle anderen Bedingungen bearbeitet und reflektiert werden können.

Informationen gewinnen

- Kartentechnik (nur eine Farbe) zum Sammeln aller Erfahrungen und Ideen
- Austausch in der Kleingruppe und gemeinsame Formulierung von Begründungen. Zur Minderung der Kartenanzahl sollen Mehrfachnennungen aussortiert werden.
- zur Darstellung der Begründungen wieder die Kartentechnik verwenden (eine andere Farbe benutzen)

- zu Hause auch die Eltern nach Erfahrungen und Begründungen fragen, dies auf Karten notieren und im Unterricht einbringen

Informationen verarbeiten
- alle Karten an der Tafel strukturieren
- sich auf Grund dieser Sammlung für eine Lernzeit entscheiden

Informationen sichern
- sich den Vorsatz und die Begründung in sein Lerntagebuch schreiben; nach einer bestimmten, aber begrenzten Zeit den Vorsatz noch einmal reflektieren

Zu unterschiedlichen Themen können auch noch Phasen eingeplant werden, in denen zusätzliche Informationen aus Printmedien oder durch ein Interview eines Experten gewonnen werden.

Klassenarbeiten vorbereiten

Vor einer Klassenarbeit oder einem Test werden mit den Kindern gemeinsam die Inhalte bestimmt. Anschließend wird die Vorbereitung im Unterricht gemeinsam geplant und die Inhalte werden gelernt.

Vorwissen aktivieren
Das Vorwissen einiger Kinder zum Thema Klassenarbeiten stammt aus den Erfahrungen mit Geschwistern oder aus Erzählungen der Eltern.

- Ideen und Informationen zum Thema „Klassenarbeiten schreiben" unter Verwendung der Kartentechnik sammeln
- alle Karten ausstellen

Informationen gewinnen
- Kinder aus den vierten Klassen nach deren Vorbereitungen auf eine Klassenarbeit fragen; alle Vorschläge auf Karten notieren

Informationen verarbeiten
- in der Kleingruppe Phasen und Methoden für die Vorbereitung einer Klassenarbeit planen
- jedes Kind entwickelt für sich einen individuellen Vorbereitungsplan und stellt ihn anschließend der Kleingruppe vor

Informationen sichern

● seinen Handlungsablauf zur Vorbereitung der Klassenarbeit in sein Lerntagebuch notieren

Klassenarbeit schreiben

● nach jeder Klassenarbeit den Handlungsablauf in der Kleingruppe auf seine Effektivität hin reflektieren und eventuell verändern

Mit der Zeit lernt sich auf diese Weise jedes Kind als kompetenter Lerner kennen.

4 Beispiele für Lernarrangements

Auf den folgenden Seiten werden Lernarrangements zu unterschiedlichen Themen vorgestellt. Die Auswahl bzw. Zusammenstellung der dort beschriebenen Methoden kann jeweils verändert werden. Die Tabelle bietet eine Übersicht über die geeigneten Methoden in den Lernphasen eines Lernarrangements:

Methode \ Lernphase	Vorwissen aktivieren	Infor- mationen beschaffen	Infor- mationen verarbeiten	Infor- mationen sichern
Bebildern	x		x	x
Diagramm		x	x	x
Exzerpieren		x		
Kartenmethode	x	x		
Lernplakat			x	x
Markieren		x		
Mind-Map	x	x	x	x
Schaubild	x	x	x	x
Stichwortkette			x	
Stichwortzettel	x	x		
Tabelle		x	x	x

In Lernarrangements benutzt das Kind unterschiedliche Informationsquellen, Printmedien, Internet, Film usw. Es reflektiert, welche Methoden sich für die entsprechende Informationsgewinnung eignen.

4.1 Informationen aus einem Film beschaffen

Thema: Wie kommt das Salz in die Suppe?

● Wie entsteht Salz und wie wird es gewonnen?

Verwendete Materialien

● Film aus der Reihe Löwenzahn 1/2: „Peter sucht das weiße Gold"
  Zusätzlich:
  „Die Maus-Sachgeschichten": Salz, Gewinnung aus Meersalz; Salz, wie
  kommt das Salz ins Meer?
● Bausteine Kindergarten/Grundschule: Themenbox: Natur & (Um-)Welt
● Bücher zum Thema Salz, Lexika, Computer

Auswahl von Internetadressen:

● www.bad-reichenhaller.de
● www.blinde-kuh.de/search.cgi?l=all&q=Salz
● www.3sat.de/nano/bstuecke/28027/index.html
● www.3sat.de/nano/cstuecke/37626/index.html

Der Ablauf des Lernarrangements
Siehe Tabelle S. 89.

Fragestellungen von Kindern zum Thema
Die Fragen zum Thema sollten von den Kindern gestellt werden. Jedoch besteht nicht der Anspruch, dass sie alle beantwortet werden müssen. Wichtiger ist die intensive Auseinandersetzung mit wenigen Fragen.

● Wie entsteht Salz?
● Wie wird Speisesalz hergestellt?
● Wie wird Salz aus einer Saline gewonnen?
● Wie wird Salz aus dem Meer gewonnen?
● Warum bekommt man im Krankenhaus eine Kochsalzlösung?

Von der Lehrerin können noch Fragestellungen aus dem naturwissenschaftlichen Bereich ergänzt werden:

● Wieso löst sich Salz in Wasser?
● Kann man das Salz aus dem Wasser wieder zurückgewinnen?
● Warum bildet sich aus Salz ein Kristall?
● Warum streut man im Winter Salz?
● Warum kann man mit Salz Nahrungsmittel haltbar machen?

Lernphasen	Lernmethoden	Sozialformen Kommunikationsformen
Vorwissen aktivieren	**Kartentechnik** ⬇ Partnergespräche ⬇ **Karten-Ergänzung**	EA ⬇ PA ⬇ EA
Informationen beschaffen	Alle Kinder der Klasse schauen sich einen Film zum Thema „Salz" an.	
	während des Films: **Stichwortzettel** ⬇ **Karten-Ergänzung**	EA ⬇ EA
	Fragestellungen sammeln; Kinder ordnen sich einer Fragestellung zu	Kl
	weitere Informationen zu den einzelnen Fragestellungen suchen **Markieren** ⬇ **Exzerpieren** **oder** **Experimentieren** ⬇ Kleingruppengespräch	EA oder PA ⬇ EA ⬇ KG
	den gleichen Film noch einmal anschauen	Kl
Informationen verarbeiten	**Lernplakat** zu einer Fragestellung erstellen	KG
Informationen sichern	Vortrag halten ⬇ während des Vortrags: **Stichwortzettel** ⬇ **Karten-Ergänzung** ⬇ **Schaubild** zum Thema: Weißes Gold	EA ⬇ EA ⬇ EA
Vernetztes Denken Welchen Wert hat das Salz für mich? Was ist das Besondere am Salz? Welche anderen Mineralien haben ähnliche Besonderheiten?		

Alle Methoden, deren Training in Kapitel 3 erläutert ist, sind fett gedruckt.

Äußerungen der Kinder in der Schlussreflexion

- Den Film muss man sich schon zwei Mal anschauen, um wirklich alle Informationen mitzubekommen.
- Durch den Film hatte ich viel mehr Fragen im Kopf als vorher.
- Es war gut, dass ich zwischen den Filmen in den Büchern lesen oder im Internet nachschauen konnte. Dadurch habe ich vieles besser verstanden. Im Film geht es mir manchmal zu schnell.
- Als ich den Film zum zweiten Mal gesehen habe, entdeckte ich wieder neue Informationen, auf die ich beim ersten Mal nicht so sehr geachtet habe.

4.2 Informationen aus Internet und Printmedien beschaffen

Thema: Mein Geld liegt auf der Bank!

- die Bank als Institution kennenlernen
- eigene Geldgeschäfte organisieren

Verwendete Materialien

- FISCHER-NAGEL, HEIDEROSE und ANDREAS: Mein Geld liegt auf der Bank!
- Lexika und Computer

Auswahl von Internetadressen:

- www.wdrmaus.de/sachgeschichten/geld/
- www.tivi.de/loewenzahn.lz_co/moos/default.htm
- www.br-online.de/kinder/funkhaus/wissen/geld.html

Ausgangssituation

Eine offene Aufgabenstellung:
Du möchtest dir unbedingt etwas kaufen und überlegst, wie viel Geld du hast und wie viel du noch brauchst. Bestimmt hast du etwas gespart. Vielleicht liegt auch schon Geld auf der Bank.

Der Ablauf des Lernarrangements

Siehe Tabelle S. 92.

Fragestellungen von Kindern zum Thema

- Welche Bank ist eigentlich gemeint?
- Was passiert mit meinem Geld auf der Bank?
- Wie kann ein Sparplan aussehen?
- Wie kann ich Geld verdienen?
- Was ist eigentlich besser für mich? Wenn das Geld auf der Bank liegt oder wenn ich es in meiner Spardose habe?
- Wie können Erwachsene ein Auto oder ein Haus kaufen?
- Wer kann sich eigentlich Geld leihen?

Lernphasen	Lernmethoden	Sozialformen Kommunikationsformen
Vorwissen aktivieren	**Mind-Map** ⬇ Partnergespräche ⬇ **Mind-Map-Ergänzung**	EA ⬇ PA ⬇ EA
Informationen beschaffen	Überlegungen, Fragen und Lösungsansätze sammeln; Kinder ordnen sich zu	GG
	Informationen zu den einzelnen Überlegungen und Fragen im Buch oder Internet suchen **Markieren** ⬇ **Exzerpieren** ⬇ Kleingruppengespräch ⬇ **Mind-Map-Ergänzung**	EA oder PA ⬇ EA ⬇ KG ⬇ EA
	Besuch bei der ortsansässigen Bank **Stichwortzettel** ⬇ Kleingruppengespräch ⬇ **Mind-Map-Ergänzung**	EA ⬇ KG ⬇ EA
Informationen verarbeiten	unterschiedliche **Lernplakate** zu den Überlegungen und Fragen erstellen	KG 3 oder 4 Kinder
Informationen beschaffen	Vortrag halten ⬇ **Stichwortzettel**	EA
Informationen verarbeiten	die Aufgabe individuell lösen **Lernplakat**	EA
Informationen präsentieren	Ausstellung aller Möglichkeiten	GG
Informationen sichern	sich für die beste rechnerische Lösung entscheiden und in ein Heft eintragen	EA
Vernetztes Denken üben Welchen Wert hat die Bank für mich? Was ist das Besondere an der Bank? Welche anderen Institutionen haben ähnliche Besonderheiten?		

Alle Methoden, deren Training in Kapitel 3 erläutert ist, sind fett gedruckt.

Von der Lehrerin können noch Fragestellungen ergänzt werden:

- Welche unterschiedlichen Sparmöglichkeiten gibt es für Kinder?
- Welche können Kinder durchführen?
- Wo und wie kann man besonders günstig kaufen?

Damit sich Kinder Lebenssituationen besser vorstellen können, sollten sie häufig die Gelegenheit haben, diese z. B. in einem Rollenspiel nachzuspielen oder die entsprechende Situation zu malen.

Äußerungen der Kinder in der Schlussreflexion

- Mir hat es geholfen, das Buch vor dem Besuch in der Bank zu lesen. Ich weiß nämlich jetzt, was in der Bank so alles geschieht.
- In Büchern steht nicht alles und man kann es sich nicht immer so gut vorstellen. Am besten ist es, wenn man es erlebt.
- Es war gut, dass ich so viele zusätzliche Informationen aus den unterschiedlichen Büchern bekam. Jetzt weiß ich, was man alles bedenken muss, wenn man etwas kaufen möchte.
- In Büchern kann man immer nachschauen, wenn man etwas vergessen hat.

4.3   Informationen aus Vorträgen beschaffen

Thema: Die Kinder- und Jugendzeit unterschiedlicher Komponisten und Sänger

(Ludwig van Beethoven, Wolfgang Amadeus Mozart, Edvard Grieg, Rolf Zuckowski, Britney Spears)

- Welchen Einfluss hatte die Kinder- und Jugendzeit auf die Kompositionen?
- Möchte ich gerne mit dem Komponisten oder dem Sänger tauschen?

Verwendete Materialien

- Das Buch: Rühle, Ulrich: „… ganz verrückt nach Musik"
- Bilder der Komponisten und Sänger sowie Bilder aus dem jeweiligen Lebensumfeld und Land
- Lexika und Computer

Auswahl von Internetadressen:

- Ludwig van Beethoven
  www.classic-arietta.de/lexikon/ludwig_van_beethoven.html
  www.komponisten.at/komponisten/18.html
- Wolfgang Amadeus Mozart
  www.classic-arietta.de/lexikon/wolfgang_amadeus_mozart.html
  www.komponisten.at/komponisten/156.html
- Edvard Grieg
  www.klassika.info/Komponisten/Grieg/lebenslauf-1.html
  www.komponisten.at/komponisten/90.html
- Rolf Zuckowski
  http://www.elbtour.de/bio.html
  http://www.rolfs-freunde.de
- Britney Spears
  www.tivi.de/fernsehen/logo/artikel/07509/index.html

An jedem Tag hält die Lehrerin einen Vortrag über einen Komponisten oder Sänger. Der Vortrag wird durch Bilder unterstützt. Die Kinder stellen einen Stichwortzettel her. Danach sollen sich die Kinder für die intensive Arbeit über einen Komponisten oder Sänger entscheiden und alle gesammelten Informationen präsentieren.

Lernphasen	Lernmethoden	Sozialformen Kommunikationsformen
Vorwissen aktivieren	**Kartentechnik** ⬇ Partnergespräche ⬇ **Karten-Ergänzung**	EA ⬇ PA ⬇ EA
Informationen beschaffen	Die Lehrerin hält pro Tag einen Vortrag. ⬇ **Stichwortzettel** ⬇ Partnergespräch ⬇ **Karten-Ergänzung**	EA ⬇ PA ⬇ EA
	Die Kinder entscheiden sich für die Arbeit zu einem Komponisten oder Sänger. Unterschiedliche Kleingruppen werden gebildet.	
	Alle Karten dienen als Grundlage und Erinnerungshilfe. ⬇ Kleingruppengespräch	KG
Informationen verarbeiten	**Lernplakat**	KG
Informationen präsentieren	Vortrag halten	
Informationen sichern	Die Kinder schreiben ein Buch über das Leben der Komponisten und Sänger. ⬇ Text verfassen oder **Mind-Map**	EA

Alle Methoden, deren Training in Kapitel 3 erläutert ist, sind fett gedruckt.

Der Ablauf des Lernarrangements
Siehe Tabelle S. 95.

Fragestellungen zum Thema
● Wie lebten die Musiker damals und wie leben sie heute?
● Wie oft muss man üben, um so gut zu werden?
● Haben alle Musiker viel Geld?
● Sind alle Prominenten beliebt und haben sie viele Freunde?
● Wie viel Freizeit haben sie?
● Gibt es etwas, was sie nicht so gut können?

Äußerungen der Kinder in der Schlussreflexion
● Ich konnte den Vorträgen meiner Lehrerin gut zuhören, weil es dann immer so gemütlich ist. Durch die gezeigten Bilder wusste ich genau, wo sich alles abgespielt hat. Norwegen kannte ich z. B. gar nicht.
● Ich finde es immer schön, wenn jemand eine Geschichte erzählt. Manchmal glaube ich dann, er wäre dabei gewesen.

5 Die Methodenlandkarte

5.1 Eine Methodenlandkarte entwickeln

Eine Methodenlandkarte ist die Liste aller Methoden einer Schule oder Klasse für die Gestaltung von Lernphasen. Das Methodentraining findet nicht isoliert statt, sondern immer in Kombination mit Trainings von kommunikativen und kooperativen Methoden, erst dadurch kann sich das Kind in seiner Gesamtpersönlichkeit entwickeln.

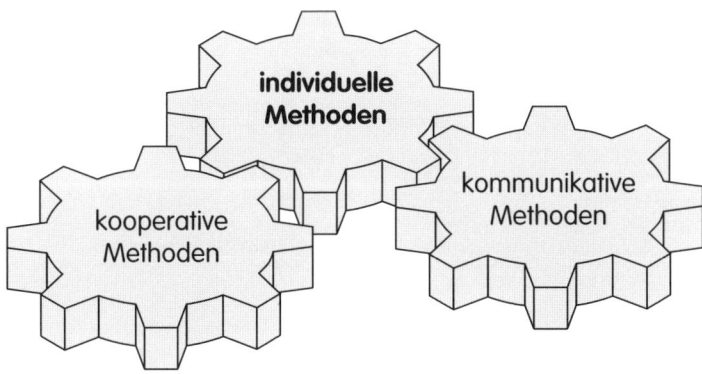

Alle Kolleginnen einer Schule bestimmen gemeinsam die Abfolge der Trainings. Gemeinsame Vorstellungen und Ziele bieten allen Beteiligten Sicherheit und Orientierung. Bewährt hat sich folgendes Basistraining (auch in einem ersten Schuljahr):

- Am ersten Tag wird das Markieren an einem Übungsinhalt trainiert (wie in Kapitel 3 beschrieben).
- Am nächsten Tag werden zur Wiederholung noch einmal drei Vorträge vom Vortag unter Verwendung der Methodenplakate gehalten.
- Danach kann das Markieren an einem neuen aktuellen Inhalt angewendet werden.
- Alle markierten Wörter oder Sätze werden auf einem Stichwortzettel notiert. Dieser Stichwortzettel dient dem Kind als Unterstützung während eines anschließenden Kleingruppengesprächs.

● Alle erarbeiteten Inhalte werden zusammengetragen und auf einem Lernplakat dargestellt.
● Stichwortzettel und Lernplakat werden später als Methoden trainiert und so zum Inhalt des Unterrichts.

Damit die Motivation für Methodenreflexionen beim Kind erhalten bleibt, muss die Abfolge der Trainings behutsam und mit pädagogischer Übersicht geschehen; zu häufige Trainings führen zu einer Überlastung. Die Entscheidung über den genauen Trainingszeitpunkt einzelner Methoden liegt bei der Klassenlehrerin; sie hat Einblick in die besondere Lernausgangslage der Klasse. Darüber hinaus können im laufenden Schuljahr bei Bedarf und aus einem aktuellen Anlass heraus in jeder Klasse weitere Methoden bewusst trainiert und reflektiert werden.

Folgendes Curriculum wurde in der Erprobungsphase entwickelt. Es kann als Diskussionsgrundlage in Schulen dienen:

1. Klasse	
September	Stichwortzettel trainieren
	Lernplakat anwenden
Oktober	Markieren trainieren
	Lernarrangement aus Markieren und Stichwortzettel
November	Assoziieren trainieren
Dezember	Lernplakat trainieren
Januar	Antizipieren trainieren
Februar	Schaubild trainieren
März	
April	Mind-Map trainieren
Mai	
Juni	Bebildern trainieren
Juli	Wörter üben

Jede trainierte Methode müssen die Kinder in den darauffolgenden Tagen in Lernarrangements anwenden. Erst dadurch können sie den Effekt der Methode im Lernprozess erfahren und entsprechend für sich bewerten.

2. Klasse	
September	Überfliegendes Lesen
Oktober	Exzerpieren trainieren
November	
Dezember	Tabelle trainieren
Januar	Systematisches Lesen trainieren
Februar	Diagramm trainieren
März	
April	Kartenmethode trainieren
Mai	
Juni	Stichwortkette trainieren
Juli	

In jedem Schuljahr wiederholt sich noch einmal das Training der Methoden. Diese Trainingszeit ist wesentlich kürzer als die des eigentlichen Grundtrainings. In diesen Wiederholungen erfährt das Kind die Veränderung einer Methode in ihrer Mikrostruktur und nimmt den jeweiligen Qualitätsfortschritt wahr.

Die Struktur der komplexen Methoden lernt das Kind in der angeleiteten Anwendung und in der anschließenden Reflexion. Darüber hinaus sollte es in unterschiedlichen Unterrichtseinheiten umfassende Informationen über die Funktionsweise des Gehirns und förderliche Bedingungen für das Lernen kennenlernen.

Ein Beispiel zum Methodenlernen von Anfang an

Die Kinder sollen in den ersten zwei Schulwochen alle Personen, die in der Schule tätig sind, kennenlernen. Sie überlegen gemeinsam, welche Fragen sie stellen wollen. Da die Interviews aber erst einige Tage später stattfinden, sehen sie die Notwendigkeit ein, die Fragen festzuhalten. Die Kinder nennen eine Erinnerungshilfe, sie wissen aus eigenen Beobachtungen, dass Erwachsene z. B. Einkaufszettel anlegen. Sie nutzen dieses Wissen und legen einen Stichwortzettel an. Die Fragen werden durch Zeichnungen abgebildet. Einige Tage später erleben sie, dass der Stichwortzettel (auch mit Bildern) eine wichtige Erinnerungshilfe darstellt.

Anschließend können sie alle Personen auf einem Lernplakat darstellen und später dazu berichten. Damit alle Methodenplakate eine gewisse gestalterische Qualität erhalten, müssen Kinder bestimmte Arbeitstechniken oder Grundfertigkeiten wie Kleben, Schneiden, Ausmalen beherrschen. Da sie nicht alle in der Vorschulzeit ausreichende Erfahrungen gemacht haben, müssen diese am Anfang der Schulzeit häufig geübt werden (siehe Kapitel 3.1., S. 25).

Vier Jahre hat jedes Kind Zeit, Methoden- und Strategiewissen Schritt für Schritt aufzubauen und sich durch eine stetige Anwendung zu einem selbstregulierten Lerner zu entwickeln.

5.2 Leistungsbewertung

Nach einer intensiven Arbeit während eines Methodentrainings hat jedes Kind ein Anrecht auf Wertschätzung und Würdigung seiner Entwicklung und Lernfortschritte auf dem Zeugnis. Grundlage hierfür sind die in der Schule zu treffenden Vereinbarungen über

- eine Anzahl von Methoden.
  In einem ersten Arbeitsschritt wird vom Kollegium ein verbindlicher Kanon, die Methodenlandkarte, z. B. von individuellen Methoden verabredet.
- die Entwicklung von Kriterien.
  In einem weiteren Arbeitsschritt werden wichtige Fähigkeiten, Fertigkeiten und Kenntnisse beschrieben. Diese formulierten Kriterien machen die Entwicklungsfelder deutlich und sind die Grundlage für die individuelle Förderung und Beratung des Kindes.
- die Festlegung von Indikatoren.
  Um die Entwicklung und Leistung eines Kindes im Zeugnis zu beschreiben, entwickelt und formuliert das Kollegium konkrete Indikatoren.

Durch die Entscheidung des Kollegiums für ein Methodentraining lernt das Kind eine Vielzahl von Methoden in den vier Grundschuljahren kennen. Über das eigentliche Kennenlernen eines Methodenkanons hinaus soll das Kind folgende Fähigkeiten erwerben:

- Methoden anwenden
  Nach dem Kennenlernen der Methode in einem Training erhält das Kind immer wieder Möglichkeiten der Anwendung. Zu Beginn wird die Lehrerin es an die einzelne und passende Methode erinnern. Das Kind soll aber später selbstständig passende Methoden für unterschiedliche Lernphasen anwenden und auswählen.
- Methoden reflektieren
  Das Kind benennt in unterschiedlichen Reflexionsphasen sein Vorgehen bei der Anwendung einer Methode in allen Einzelheiten, es erkennt und benennt die Vor- bzw. Nachteile einzelner Varianten.
- Methoden planen bzw. koordinieren
  Die Lehrerin gibt dem Kind während der vier Grundschuljahre unterschiedliche Handlungsabfolgen zur Gestaltung der Lernprozesse vor. Später soll das Kind selbstständig in der Lage sein, eine Abfolge für sich zu planen oder mit einer Gruppe zu erarbeiten.

● Methoden erproben
  Das Kind nimmt unterschiedliche Strategien anderer Kinder wahr und
  nutzt Anwendungssituationen, um einzelne Strategien zu erproben.
● Methoden begründen
  Das Kind ist in der Lage, sein methodisches Vorgehen mit adäquaten Ar-
  gumenten zu begründen.
● kooperieren
  Das Kind kooperiert mit anderen sowohl zur Planung einer Dokumenta-
  tion als auch zur Präsentation von Ergebnissen.

Die folgende Übersicht zeigt, wie Kriterien und Indikatoren zugeordnet
werden können.

Kriterien	Indikatoren	
Methoden anwenden	Das Kind wendet die Methode **selbstständig** oder **nach Aufforderung** an.	☐ ☐
Methoden reflektieren	Das Kind reflektiert **mündlich** sein Vorgehen. Es trägt dieses Vorgehen **in sein Lerntagebuch** ein.	☐ ☐
Methoden planen/ koordinieren	Das Kind wendet **nach Aufforderung** oder **selbstständig** verschiedene Methoden sachbezogen als Handlungsabfolge an. Es trägt diese Abfolgen **in sein Lerntagebuch** ein.	☐ ☐ ☐
Methoden erproben	Das Kind **erprobt** unterschiedliche Strategievarianten einer Methode. **Es entscheidet** sich bewusst für eine neue Strategie und notiert dies **in sein Lerntagebuch**.	☐ ☐ ☐
Methoden begründen	Das Kind **begründet** in Reflexionsphasen seine angewandte Methodenvariante und Strategie. Es trägt diese Begründungen **in sein Lerntagebuch** ein.	☐ ☐
kooperieren	Das Kind plant und präsentiert mit anderen.	☐ ☐

6 Zusammenarbeit mit Eltern

6.1 Neue Lernformen kennenlernen

Eltern haben eine hohe Mitverantwortung bei der Durchführung des Erziehungs- und Bildungsauftrags der Schule. Sie informieren sich in den Elternabenden über die Fachinhalte und diskutieren über die Formen des Lehrens.

Sie selber haben in aller Regel in lehrerzentrierten Unterrichtsformen gelernt. Damit verbunden sind eigene Vorstellungen von Unterricht und Lernen. Erst während der Ausbildung oder eines Studiums mussten sie sich Lernmethoden und -strategien mühsam erarbeiten.

Sie haben zwar u. a. in Tageszeitungen mehrfach gelesen, dass das heutige Wissen eine geringe Halbwertszeit hat und es darum wichtiger wird, auch Methoden zur Aneignung neuen Wissens zu erwerben. Trotzdem halten sie vielfach an Bekanntem fest. Viele sind nach wie vor der Überzeugung, dass die Lehrerin ihrem Kind etwas beibringen oder es belehren soll. Die Eltern können das Arbeiten nach dem Konzept „Lernen lernen von Anfang an" häufig nicht ungefragt akzeptieren, erzeugt das Unbekannte doch Unbehagen. Darum gibt die Lehrerin ihnen die Möglichkeit, neue Erkenntnisse aus der Pädagogik, den Bezugswissenschaften, der Methodik und Didaktik zu gewinnen.

Wer Ungewöhnliches praktiziert, sollte es den Eltern nicht nur erklären, sondern es auch erfahrbar machen. Erst wenn die Eltern selbst die Vorteile des selbstregulierten Lernens in unterschiedlichen Lernsituationen kennengelernt haben, wachsen das Vertrauen und die Bereitschaft, das Konzept und somit die Lehrerin zu unterstützen. An den Trainingswochen der Projektschulen können Eltern selbstverständlich teilnehmen und dabei auch die Bemühungen der Lehrerin unterstützen.

6.2   Elternabend: Lernen lernen ist kinderleicht

An einem ersten Elternabend kann das Gesamtkonzept mit einem kleinen Lernarrangement erfahrbar gemacht werden: Die Eltern lernen Methoden und Strukturen kennen.

Die Einladung sollte die Eltern auf das Bevorstehende neugierig machen.

Einladung
zum Elternabend der Klasse 2 a

am ...
von ... Uhr bis ... Uhr
in der ...
Raum ...

Das Thema des Abends lautet:
**Lernen ist buchstäblich kinderleicht –
aber wie geht das?**

Liebe Eltern,

auch Sie haben bestimmt erst nach der Schule bestimmte Lernmethoden kennengelernt, z. B. das Markieren oder das systematische Lesen. Heute weiß man, wie wichtig es ist, dies so früh wie möglich zu lernen. Unterschiedliche Untersuchungen haben sogar bewiesen, dass Kinder dazu sehr früh in der Lage sind. In unserer Schule möchten wir einige Methoden mit den Kindern trainieren, damit sie in die Lage versetzt werden, selbstständig zu lernen. Damit Sie einen Einblick in einen solchen Unterricht erhalten, möchte ich Sie zu diesem Elternabend einladen.

Mit freundlichen Grüßen

...

Vorwissen aktivieren

In Kleingruppen überlegen die Eltern, welche Lern- und Arbeitsmethoden beim Lernen helfen. Die Eltern notieren alle Methoden auf großen Bögen Karton.

Informationen beschaffen (max. 20 Minuten)

Anhand dieser Aufzeichnungen gibt die Lehrerin einen Einblick in die Funktionsweise des Gehirns. Sie macht auf die Bedeutung der vier Phasen des Lernens aufmerksam und erläutert das Training einzelner Lernmethoden. In einem Überblick erläutert sie das Konzept „Lernen lernen von Anfang an".

Die Eltern werden gebeten, während des Vortrags die für sie wichtigsten Aussagen auf einem Stichwortzettel festzuhalten.

Informationen verarbeiten und präsentieren

Mit dem Hinweis, dass Gehörtes erst durch eine Verarbeitung im Gedächtnis verankert wird, werden die Eltern für die weitere Arbeitsphase motiviert. In Kleingruppen erstellen sie ein Lernplakat zum Thema: „Was und warum lernen Kinder heute anders?" Arbeitsgrundlage sind alle Stichwortzettel. Die Arbeitsgruppen stellen sich später untereinander ihre Ergebnisse vor.

Informationen sichern

In neuen Gruppen von acht bis zehn Teilnehmern überlegen die Eltern, wie sie diese Form des Lernens zu Hause unterstützen können. Sie einigen sich auf drei oder vier Aspekte, die in das Protokoll des Elternabends als gemeinsame Verabredungen aufgenommen werden. Beispiele: Wir unterstützen das Ausleihen der Bücher in Bibliotheken, wir erklären dem Kind die eigene Lernstrategie, wir nehmen uns Zeit, mit dem Kind zu erzählen, wir lesen jeden Abend vor und unterhalten uns über die Inhalte.

Nachfragen/Diskussion/Verabredungen

Die Zusammenfassung der Ergebnisse durch die Lehrerin schließt das exemplarische Lernarrangement ab. Auf der Metaebene werden die verwendeten Methoden und die Struktur dieses Arbeitsprozesses noch einmal verdeutlicht.

Der nächste Elternabend könnte ein Methodentraining zum Inhalt haben.

7 Unterstützung und Fortbildung

7.1 Für neue Wege braucht man Unterstützung

Jede Veränderung braucht Energie und einen langen Atem. Viele Lehrerinnen machen sich im Laufe ihrer Dienstzeit immer wieder auf, um neue Wege der Unterrichtsentwicklung zu gehen. Manchmal gelingt es, das gesamte Kollegium zu begeistern, manchmal gehen sie auch zuerst einmal allein. Der schwierigste Weg einer Entwicklung ist der einer Einzelkämpferin. Mit diesem Konzept kann jede Lehrerin, gleich welche Unterrichtsform sie bevorzugt, auch allein in ihrer Klasse beginnen und ihren eigenen Weg der Entwicklung planen. Sie kann sich für dieses Vorgehen Zeit nehmen und ihren Unterricht behutsam verändern. Die größte Unterstützung ist natürlich gewährleistet, wenn ein ganzes Kollegium sich auf den Weg begibt und die Entwicklung gemeinsam plant.

Bevor aber mit der Umsetzung begonnen wird, sollten das eigentliche Ziel des Konzepts als Ganzheit verstanden und verschiedene Trainings (in Gruppen) mitgemacht worden sein, wie auch DUBS (2003, S. 8) ausführt:

> „Um Lernende in selbst gesteuerten Lernprozessen wirksam unterstützen zu können (statt eines Frontalunterrichts in Gruppen ein wirksames Scaffolding) müssen die Lehrkräfte ihr eigenes selbst reguliertes Lernen besser kennen. Nur wer seine Lerneigenschaften und -fähigkeiten mit allen Stärken und Schwächen kennt, kann Lernprozesse beim selbstständigen Lernen wirksam unterstützen."

Wer die Strategien anderer in solchen Erwachsenentrainings kennengelernt hat, weiß um die Facetten der einzelnen Methoden und Lernphasen. Diese Erfahrungen ermöglichen dann auch die Bewertung für Lernprozesse von Kindern. Unterstützende Fortbildungsveranstaltungen für Kollegien und einzelne Lehrerinnen werden zunehmend angeboten. Interessierte erhalten Auskünfte dazu von den Lehrerfortbildungsinstitutionen oder Dienststellen für die regionale Lehrerfortbildung in den einzelnen Ländern.

Ein Beispiel für eine begleitende Form der Lehrerfortbildung

Für die Erprobung des Konzepts entwickelten wir ein effektives Modell für eine unterrichtsbegleitende Fortbildung. In diesem Modell erhält das gesamte Kollegium über zwei Jahre vier einwöchige Fortbildungen. In diesen Wochen wechseln die Phasen zwischen dem erwachsenengerechten Training von Methoden und Erfahren von Lernarrangements mit der gemeinsamen Vorbereitung und Reflexion des Unterrichts ab. Dieses Vorgehen ermutigte dazu, alte Verhaltensgewohnheiten zu verlassen und aufkommende Schwierigkeiten gemeinsam zu bewältigen.

Das Modell für ein Wochentraining

1. Tag 8.00–16.30 Uhr	2. Tag 8.00–16.30 Uhr	3. Tag 8.00–16.30 Uhr	4. Tag 8.00–16.30 Uhr	5. Tag 8.00–15.00 Uhr
Lehrertraining	1. – 3. Stunde Umsetzung des vorbereiteten Unterrichts	1. – 3. Stunde Umsetzung des vorbereiteten Unterrichts	1. – 3. Stunde Umsetzung des vorbereiteten Unterrichts	1. – 3. Stunde Umsetzung des vorbereiteten Unterrichts
Vorbereitung des Unterrichts für den nächsten Tag	Reflexion des Unterrichts	Reflexion des Unterrichts	Reflexion des Unterrichts	Reflexion der Trainingswoche
	Fortsetzung des Lehrertrainings	Fortsetzung des Lehrertrainings	Fortsetzung des Lehrertrainings	Präsentation der Ergebnisse
	Vorbereitung des Unterrichts für den nächsten Tag	Vorbereitung des Unterrichts für den nächsten Tag	Vorbereitung des Unterrichts für den nächsten Tag	

Lernen und Unterrichtsentwicklung brauchen Zeit.

Aussagen einzelner Lehrerinnen

Folgende Aussagen einzelner Lehrerinnen aus den Unterrichtsentwicklungsprojekten in unterschiedlichen Regionen bestätigen die Wirksamkeit des Unterrichts- und Fortbildungskonzeptes „Lernen lernen von Anfang an":

- Mit dem Unterrichtskonzept habe ich für meine letzten 10 Berufsjahre endlich wieder eine Perspektive.
- Es war eine ganz neue Erfahrung, mich nochmals als Lerner von Methoden zu erleben.

- Meine Einstellung zum Lernen hat sich verändert. Ich muss dem Kind mehr zutrauen.
- Nach zwei Jahren Fortbildung zum Thema „Lernen lernen von Anfang an" stelle ich fest, dass sich unser Kollegium positiv verändert hat. Durch diese intensive Fortbildung sind weitere Initiativen entstanden. (Schulleiterin)
- In diesen Lernarrangements habe ich mein eigenes Lernen neu entdeckt.
- Seitdem ich das Konzept in meiner Klasse realisiere, sind meine Kinder anders geworden, stärker und selbstbewusster.
- Viel mehr als früher stelle ich Lernprozesse in Frage. Ich schaue genauer hin und lese viel mehr über die Funktion des Gehirns.
- Wenn wir so arbeiten, haben wir in der Schule kein Kopierproblem mehr.
- Es ist frappierend zu entdecken, wie das Konzept die individuellen Möglichkeiten des Kindes offenlegt.
- Schon in kleinen Dingen waren die Erstklässler motiviert, eigene Entscheidungen zu treffen.
- Ich habe jetzt den Mut, die Kinder loszulassen.
- Unterricht wird interessant, da ich gar nicht alles vorplanen und kindliches Denken nicht grundsätzlich antizipieren kann.
- Es ist schön zu sehen, wie sich die Kinder mit einem Thema auseinandersetzen. Sie arbeiten überaus konstruktiv und ernsthaft.
- Ich habe bei dieser Form des Unterrichtens Zeit für die Unterstützung einzelner Kinder.

Literatur

Buzan, T.: Kopftraining. Anleitung zum kreativen Denken. München: Droemer Knaur 1993.

Deutsches PISA-Konsortium (Hrsg.): PISA 2000. Basiskompetenzen von Schülerinnen und Schülern im internationalen Vergleich. Opladen: Leske + Budrich 2001.

Dubs, R.: Ermüdung und Gleichgültigkeit. In: Zeitschrift für Berufs- und Wirtschaftspädagogik. Bd. 99, 1/2003, S. 1–9.

Fischer-Nagel, H./Fischer-Nagel, A.: Mein Geld liegt auf der Bank. Spangenberg-Metzebach: Verlag Heiderose Fischer-Nagel 1995.

Hentig, H. von: Bildung. Weinheim: Beltz 1996.

Hentig, H. von: Die Schule neu denken. Weinheim: Beltz 2003.

Horster, L./Rolff, H.-G.: Unterrichtsentwicklung. Weinheim: Beltz 2001.

Klinting, L.: Kasimir näht. Hamburg: Oetinger 1996.

Klippert, H.: Methodentraining. Übungsbausteine für den Unterricht. Weinheim: Beltz 1994.

Lück, G./Demski, C.: Themenbox Natur & (Um-)Welt. Aachen: Bergmoser + Höller 2001.

Lauth, B.: Die Bildertrickkiste. Optische Täuschungen & Bastelspaß mit Trickbildern. Münster: Coppenrath 1994.

Lorenz, G.: Drei Äpfel. Ravensburg: Ravensburger 1974.

Oerter, R./Montada, L.: Entwicklungspsychologie. Weinheim: Beltz 1998.

Ruf, U./Gallin, P.: Ich mache das so! Wie machst du es? Das machen wir ab. Zürich: Lehrmittelverlag des Kanton Zürich 1995.

Ruf, U./Gallin, P.: Dialogisches Lernen in Sprache und Mathematik. Band 1: Austausch unter Ungleichen. Grundzüge einer interaktiven und fächerübergreifenden Didaktik. Seelze: Velber 1999.

Ruf, U./Gallin, P.: Dialogisches Lernen in Sprache und Mathematik. Band 2: Spuren legen – Spuren lesen. Seelze: Velber 1999.

Rühle, U.: „... ganz verrückt nach Musik". München: dtv 1995.

Spiegel, H./Selter, C.: Kinder & Mathematik. Was Erwachsene wissen sollten. Seelze-Velber: Kallmeyer 2003.

Spitzer, M.: Geist im Netz. Modelle für Lernen, Denken und Handeln, Heidelberg: Spektrum 2000.

SPITZER, M.: Lernen. Gehirnforschung und die Schule des Lebens. Heidelberg: Spektrum 2002.

VESTER, F.: Denken, Lernen, Vergessen. München: dtv 1995.

VESTER, F.: Neuland des Denkens. Vom technokratischen zum kybernetischen Zeitalter: München: dtv 1999.

VESTER, F.: Unsere Welt – ein vernetztes System. München: dtv 1999.

VOß, R. (Hrsg.): Die Schule neu erfinden. Systemisch-konstruktivistische Annäherungen an Schule und Pädagogik. Neuwied: Luchterhand 1998.

VOß, R. (Hrsg.): Schul-Visionen. Theorie und Praxis konstruktivistischer Pädagogik. Heidelberg: C. Auer-Systeme 1998.

WEINERT, F. (Hrsg.): Entwicklung im Grundschulalter. Weinheim: Beltz 1997.

Fitmacher
für die Grundschule

Lehrerbücherei Grundschule *Schule und Unterricht*	ISBN 978-3-589-
Elternarbeit schülerorientiert	05148-9
Fundgrube Klassenführung	05113-7
Gespräche mit Kindern	05137-3
Gewaltfreier Umgang mit Konflikten in der Grundschule	05036-9
Jungen besser fördern	05144-1
Kinder individuell fördern	05127-4
Lernen lernen von Anfang an. Band I	05082-6
Lernen lernen von Anfang an. Band II	05083-3
Mit Störungen umgehen	05109-0
Rituale für kooperatives Lernen in der Grundschule	05063-5
Schuleingangsphase: neu gestalten	05091-8
Selbstständiges Lernen unterstützen	05142-7
Taschenlexikon Grundschulpraxis	05133-5
Umgang mit „schwierigen" Kindern	05047-5
80 Methoden für die Grundschule	05147-2
Ideenwerkstatt	
45 Unterrichtsideen für jeden Tag **NEU**	05158-8
Kompakt	
Diagnostizieren und Fördern **NEU**	05150-2
Ganztagsschule - Chancen zur individuellen Förderung **NEU**	05149-6

nformieren Sie sich unter der Nummer 0180 12 120 20 (3,9 ct/min. aus dem Festnetz der Dt. Telekom)
der in unserem Onlineshop: www.cornelsen-shop.de

Fitmacher für die Grundschule

Lehrerbücherei Grundschule **Deutsch**	ISBN 978-3-589-
Grammatikunterricht in der Grundschule	05065-9
Bildungsstandards für die Grundschule: Deutsch konkret	05138-0
Gute Aufgaben Deutsch	05131-1
Lesekompetenz erwerben, Literatur erfahren	05105-2
Lese- und Rechtschreibschwierigkeiten: vorbeugen und überwinden	05120-5
Richtig schreiben lernen von Anfang an	05126-7
Schreibaufgaben	05115-1
Schriftsprache erwerben	05146-5
Sprachunterricht heute	05121-2
Texte bearbeiten, bewerten und benoten	05076-5
Umgang mit Gedichten	05145-8
Wege zum selbstständigen Lesen	05022-2
Zeit für die Schrift. Band I / Band II	05108-3 / 05104-5
Ideenwerkstatt	
45 Unterrichtsideen für das Fach Deutsch **NEU**	05160-1
Kopiervorlagen	
Lesekompetenz gezielt fördern **NEU**	05153-3
Für das Schreiben begeistern **NEU**	05161-8
Kompakt	
Sprache und Sprachgebrauch erforschen **NEU**	05151-9

*Informieren Sie sich unter der Nummer 0180 12 120 20 (3,9 ct/min. aus dem Festnetz der Dt. Telekom)
oder in unserem Onlineshop: www.cornelsen-shop.de*